SPANISH GRAMMAR

About the Author

Eric V. Greenfield received his A.B. degree
from Colgate University and his A.M. degree
from Harvard University, and then studied in-
tensively abroad, in Spain, France, and Germany. After holding various teaching posts he
joined the faculty of Purdue University, where
he taught for more than forty years and now
holds the rank of Professor Emeritus of Modern
Languages. He is the author of numerous textbooks, including *Technical and Scientific German;
Industrial and Scientific French;* and *German
Grammar* (another volume in the College Outline
Series).

SPANISH GRAMMAR

ERIC V. GREENFIELD

BARNES & NOBLE BOOKS

A DIVISION OF HARPER & ROW, PUBLISHERS

New York, Hagerstown, San Francisco, London

Manufactured in the United States of America

Preface

As its name implies, this book contains only the prime essentials of Spanish grammar; its one and only purpose is to serve as a textbook for those beginning the study of Spanish. Its chief objectives are to identify, explain, and exemplify the high points of Spanish grammar, and through persistent repetition in abundant reading and translation exercises, to implant a basic vocabulary of 620 words. The fundamental keynotes of this book are simplicity and repetition.

Mature, well-prepared students, reciting three times a week, can easily master the thirty-six lessons of this text in one semester; in my judgment, however, students will eventually lose nothing in time or accomplishment if they devote one and a half semesters, or even a whole year to the beginning grammar.

This Spanish grammar is not the result of a capricious impulse to add one more book to an already overcrowded field, but is rather the outgrowth of several ideas that have insistently forced themselves upon me in my seventeen years of experience in teaching beginning Spanish with various excellent and mediocre textbooks. These ideas, which, I trust, will conduce to simplification and clarification in presenting Spanish grammar, and which I have tried to emphasize in this book, are:

(a) Topical or unitary lessons
(b) Very small vocabulary (620 words)
(c) Logical sequence of presentation
(d) Simplified treatment of verb
(e) Complete one-page conjugations of verbs.

TOPICAL OR UNITARY LESSONS. All beginning Spanish texts must contain the prime essentials of Spanish grammar, whether they be distributed over sixty lessons or compressed into sixteen. The sixteen-lesson book must, obviously, crowd several grammatical themes into one chapter. As to grouping of units, it seems to

me far more effective strategically and pedagogically to divide the
grammar into its unitary difficulties and to attack these units
individually, rather than in combinations of four, three, or even
two. Hence the thirty-six lessons in this book, each devoted to
one prime unit of Spanish grammar.

620-WORD VOCABULARY. Individual views on the ability of
students to acquire vocabulary in a foreign language vary most
widely, probably because of a confusion in the use of the terms
active vocabulary and *passive vocabulary*. It is axiomatic, however,
that words are learned and retained largely in proportion to the
number of times they are encountered, whether audibly or visu-
ally, and especially in proportion to the number of times they are
made use of in a conscious effort to express a complete thought or
idea. The vocabulary herein suggested consists of 620 (650, if
numbers are included) different words selected on the basis of
Buchanan's Graded Spanish Word List. Some 84% of these
words are found in the basic first thousand of Buchanan's Word
List, and nearly 15% in the second thousand, a very few words
having been introduced arbitrarily. These 620 words are meant
to be a working, active vocabulary. I believe that the student,
who in one year acquires and uses with facility both in composition
and conversation the 620 words herein suggested, accomplishes
all that we can reasonably expect and demand of him in the field
of active vocabulary. This book, however, because of its small
vocabulary, can be used effectively by those desiring to complete
the grammar in one semester.

LOGICAL SEQUENCE OF PRESENTATION. Any sequence of grammar lessons that ever has been, or ever can be, devised, will be
subject to harsh criticism, since practically every unit of grammar
has its proponents who demand for it a position in the first part of
the book. The whole problem consists in putting main things
first and in relegating things of lesser importance to the latter part
of the book,—a problem that cannot be solved to the satisfaction
of everyone. Lessons one and two, by common consent, seem to
be the proper area for the present tense of *estar* and *ser;* and the
very end of the grammar, by almost universal agreement, seems
to be the proper setting for the passive voice. But who will
decide where the present subjunctive should be introduced? In
lesson five, as in one book, or in lesson twenty, as here? Shall
the possessive adjectives be assigned to lesson twenty-seven, as in

one book, or to lesson seven, as here?   Shall the present, past, and future tenses be treated in one lesson, as in one book, or individually, as here?   Shall the perfect tenses be combined in one lesson, as in some books, or treated individually, as here?   This problem is indeed so difficult that probably no two teachers could come to total agreement as to what constitutes perfect sequential arrangement of the Spanish grammar.   The writer of this book lays no claim to having formulated the one definitive grammatical sequence, but does insist that he recognized this problem and, at least, conscientiously endeavored to solve it from the points of view of natural development, and of relative importance of the individual units.

SIMPLIFIED TREATMENT OF VERB.   The simplified treatment of verbs, as herein suggested, is, if not entirely an innovation, at least, novel.   Instead of loading the student down with several lessons of dry and confusing explanations on the various mutations of the radical-changing verbs, it has seemed to me sufficient to give examples of these verbs.   Moreover, only fifty-two verbs that can be classified as irregular or radical-changing are used in the whole book; complete conjugations of twenty-eight of these verbs, and outlines of the other twenty-four will be found in a special section.

COMPLETE ONE-PAGE CONJUGATIONS, in which the structural relations and beautiful symmetry of the various moods and tenses are shown, are, I believe, something entirely new in Spanish grammar.   Many students have assured me that they never understood the structure, or appreciated the symmetry, of the Spanish verb until they had carefully written out the complete conjugation of several verbs on the plan here suggested.   These twenty-eight complete one-page conjugations of various types of verbs are indeed one of the main impulses in the making of this book.

In conclusion, I wish to express my hearty gratitude and deep indebtedness to my dear friend and colleague, Professor Edin Brenes, who has so conscientiously read and corrected my manuscript, and made many helpful suggestions.

I am deeply grateful also to Dr. Roger R. Walterhouse and the Barnes & Noble staff for their kindly aid and constructive criticisms.

E. V. Greenfield

Table of Contents

Introduction

I. PRONUNCIATION. Although Spain, with an area approximately four times that of New York State, is a comparatively small country, its language is not nearly so uniform as that of the United States. We Americans can understand one another, whether we speak the English of Montana, Maine, or Mississippi. How different must life be in Spain, where in Catalonia, in northeastern Spain, nearly three millions speak Catalan, a language mixture of French, Italian, Basque, and Spanish; where in Galicia, in northwestern Spain, the Galician mixture of Portuguese, Spanish, and Basque prevails; where in the great central plain and in southern Spain, Castilian and its dialects prevail. Castilian, Basque, Galician, and Catalan differ as much from one another as do French, German, and English. The best Spanish, the Spanish that is officially recognized as the language of courts, churches, schools, of literature, and of Spanish culture in general, is Castilian.

Spanish, the mother tongue of approximately 110,000,000 people, is the official language of Spain, Mexico, Cuba, Central America, and of all South America except Brazil. South American Spanish, Latin American Spanish, Commercial Spanish, or whatever name it may be given, follows exactly the same grammatical rules as does Castilian, and, with the exception of three letters, employs practically the same pronunciation as Castilian. Students who contemplate travel or residence in Latin American countries are advised to follow the pronunciation indicated in Article II of *Introduction*.

Although Spanish grammars tell us that many letters are pronounced the same in Spanish as in English, no letter in the Spanish alphabet has exactly the same pronunciation as in English. Especial attention must be given the Spanish vowels, to make them clear, clean-cut, pure, and without the glide that is so common in English.

The pronunciation of any foreign language is acquired princi-

pally through imitation and practice. Independent reading of
rules on pronunciation, except by experienced language students,
is largely useless. Every rule here given should be read aloud in
class and commented upon by the instructor. The lists of
illustrative words under each rule are made long intentionally, in
order to provide ample opportunity for individual students and
groups of students to imitate the teacher's pronunciation.

1. Vowels.

    a   *a* in *father*.
        pan, clase, papel, hablar, casa, bajo, madre

    e   (1) *a* in *take*, at the end of a syllable (open syllable).
        mesa, clase, necesario, decir, leer, señor, eso
        (2) *e* in *set*, when a consonant ends the syllable
        (closed syllable).
        cerca, usted, sentado, saber, verdad

  i (y)   *i* in *machine*.
        ir, decir, sufrir, principal, minuto, libre, ley

    o   (1) *o* in *open*, at the end of a syllable (open syllable)
        hijo, caballo, otro, todo, ojo, eso, señora
        (2) like *ou* in *bought*, when a consonant ends the
        syllable (closed syllable).
        señor, contra, sombrero, dormir, calor

    u   *u* in *rule*.
        mucho, nunca, pluma, una, buscar, estudiar

2. Consonants.

    b   not as explosive as in English; the lips almost
        touch, but let the breath pass between them.
        When initial letter, or after m or n, pronounce like
        b in *bone*.
        beber, descubrir, trabajo, escribir, bastante, pueblo,
        también

    c   (1) *c* in *come*, before a, o, u, or a consonant.
        comer, café, cuarto, corto, poco, escuela, casa, clase
        (2) *th* in *thin*, before e and i. (In Latin America,
        c before e or i is pronounced like *s* in *thus, so*.)
        hacer, cinco, nación, decir, ciencia, preciso

   ch   *ch* in *much*.
        mucho, ancho, muchacho, dicho, escuchar

d   English *d*; between vowels and at end of a word, like *th* in *they*.

donde, sed, pared, todo, vender, vida, madre

f   English *f*.

frío, falta, defender, francés, difícil

g   (1) *g* in *give*, before a, o, u, or a consonant.

pagar, gozar, algunos, gracia, gustar, agosto

(2) before e and i, it has a throaty *h* sound.

general, gente, ligero, sumergir, gitano

h   always silent.

hacer, hoy, hay, ahora, hermano

j   *h* in *hawk*.

jardín, julio, ejercicio, lejos, ejemplo, Juan

k   English *k*; occurs only in foreign words.

kilogramo, kilómetro

l   English *l*.

lejos, isla, general, libro, luz, salud, fácil

ll   (1) *lli* in *million*, *William*. (Castilian)

(2) *y* in *yam*. (Latin America)

caballo, llegar, calle, valle, llamar, hallar

m   English *m*.

tomar, mano, minuto, llamar, importar

n   English *n*.

junio, mano, general, pan, negro, noche, junto

ñ   *ny* in *canyon*.

señor, niño, pequeño, cañón, año, engañar

p   English *p*.

poner, princesa, rápido, posible, tiempo, guapo

qu   *k*; occurs only with e and i.

que, aquí, querer, quizás, aquel

r   a carefully pronounced English *r*; when initial, it is trilled.

rojo, rey, rico, río, servir, secreto, trabajar

rr   same as *r*, but with a decided trill.

guerra, arroz, arriba, sierra, irregular

s   *s* in *some*. [In **mismo** (*same*), it is pronounced *z*.]

siglo, rosa, princesa, siempre, lunes, así

t   English *t*; tip of tongue must touch upper teeth.

tener, santo, sentado, vista, último, tinta, tierra

v   *v*, but not explosive, as in English; like Spanish *b*; the lips almost touch, but let the breath pass between them.

vivir, verde, verano, uva, joven, favor

x   (1) between vowels, *gs*.

examen, éxito, existir

(2) before a consonant, *s*.

exclamar, explicar, extremo

y   as a consonant, *y* in *yes*.

yo, ayer, ayudar, mayor

z   (1) *th* in *thin*.   (Castilian)

(2) *s* in *so, thus*. (Latin America)

cruz, taza, zapato, paz, pobreza, riqueza

3. Diphthongs.

a, e, o are strong vowels.

i (y), u are weak vowels.

Two strong vowels cannot stand together in one syllable.

de-se-o, de-se-ar, i-de-a, te-a-tro

A strong and a weak vowel, or two weak vowels together, form a diphthong and hold together in one syllable.

due-ño, rui-do, siem-pre

If the weak vowel bears a written accent, the diphthong is broken into two distinct syllables.

le-í-do, rí-o, pa-ís, Ma-rí-a

ai (ay)   English *I*.

jai alai, traidor, aire, hay, vais

au   *ou* in *out*.

causa, autor, bautismo

ei (ey)   *ey* in *they*.

reina, pleito, peine, veinte, ley

eu   English $\bar{a}\ \bar{u}$ (as in *way to*); eu occurs rarely.

deuda, Europa

oi (oy)   *oy* in *boy*.

boina, hoy, oigo

ia   *ya* in *yacht*.

viajar, historia, pronunciar, criado, diablo

ie   *ye* in *yell*, in closed syllable; like *ya* in *Yale*, in open syllable.

piedra, bien, quiero, pie, suficiente, quien, hierba

io   *yo* in *yoke*.

silencio, religioso, oriol, Dios, lecciones

ua   *wa* in *was*.

Juan, agua, cuarto, guapa, cualidad, puntual

ue   *we* in *went*.

muerte, puente, pueblo, suerte, bueno, duermo

uo   *wo* in *wove*.

antiguo, cuota

iu   English *you*, pronounced short.

viuda, ciudad, triunfo

ui (y)   English *we*.

cuidado, ruido, Suiza, huir, muy

II. AMERICAN SPANISH (sometimes called "Latin American Spanish"). Spanish as spoken in the Americas follows, in general, the Castilian pronunciation, with the following exceptions:

(a)   c before e and i is pronounced like *s*.

cinco, ciudad, docena, necesitar

(b)   ll is usually pronounced like *y* in *yes*.

calle, hallar, caballo

(c)   z is pronounced like *s*.

Cádiz, empezar, danza, raza

(d)   s, final or before a consonant, is often dropped.

dos años, tres libros, buenas noches, gustar

(e)   final d is often dropped.

Madrid, sed, verdad, ciudad, usted

III. SYLLABICATION.

1.   A single consonant (including ch, ll, rr) is pronounced with the following vowel or diphthong.

ne-ce-si-to, ciu-dad, plu-ma, a-llí, gue-rra, mu-cha-cho, ca-ba-llo, tra-ba-jar, Es-pa-ña

2.   Combinations of two consonants between vowels or diphthongs are usually separated.

car-ta, fuen-te, rom-per, cuar-to, es-tá

3.   If the second consonant is l or r, the combination is, as a rule, inseparable.

a-brir, te-a-tro, li-bro, pue-blo, re-cla-mar, com-prar, in-fluen-cia

IV. ACCENT.
  1. Words ending in a consonant (except n or s), stress the last syllable.
    na-tu-ral, tra-ba-jar, se-ñor, sa-lud, pa-pel
  2. Words ending in a vowel or in the consonants n or s, stress the next-to-last syllable.
    car-ne, plu-ma, pre-ci-so, se-ño-ri-ta, se-ma-na, prin-ci-pio, ve-ra-no, Es-pa-ña, ha-blan, a-mi-gos, u-nos, pa-rien-tes
  3. Words that do not conform to the rules given above bear a written accent mark (') over the stressed vowel.
    América, México, médico, jamás, religión, árbol
  4. A diphthong bearing no written accent and composed of a strong and a weak vowel stresses the strong vowel.
    cuo-ta, re-li-gio-so, bien, dia-blo, gua-pa, au-tor, mien-tras
      A diphthong bearing no written accent and composed of two weak vowels (iu, ui) stresses the second vowel.
    viu-da, Sui-za, rui-do, triun-fo

V. PUNCTUATION. English and Spanish punctuations are, in general, the same. Note these differences, however:
  (a) Spanish begins questions and exclamations with their respective punctuation marks inverted.
    ¿Hay muchos muchachos en la clase?
    ¡Qué pobre es, a pesar de ser tan rico!
  (b) In dialogue, the dash is used instead of quotation marks.
    —¡Yo—yo me he hecho abogado!
    —¿Y qué ha sido de Roberto?
    —A aquél le expulsaron de la Universidad.
    —Pues, chico, yo soy un pobre zapatero. Te quiero porque eres de los señores que no tienen a menos hablar con los pobres.
    —Gracias, Juan—contestó Ramón.

VI. CAPITALIZATION. Spanish employs small letters for:
  (a) Adjectives of nationality.
    el vino español, las familias francesas
  (b) Names of languages.
    el inglés, el español

(c) Names of days of the week, and months.
     lunes, miércoles, sábado, enero, mayo

(d) the pronoun *I*.
     yo

VII. READING EXERCISES. It is recommended that the following poems be read and reread many times before beginning the grammar proper. A brief explanation of the content, without any attempt at translation, may add interest to these practice exercises.

(a)   EL MUCHACHO Y LA VELA

Dijo una vez a la encendida vela
   un chico de la escuela:
«Yo quiero, como tú, lucir un día.»
La vela respondió: «La suerte mía
   sólo es angustia y humo.
¡Brillo, sí; mas brillando me consumo!»
        JUAN EUGENIO HARTZENBUSCH

(b)   EL TREN ETERNO

—¡Alto el tren!—parar no puede.
—¿Ese tren adónde va?
—Por el mundo caminando
   en busca del ideal.
—¿Cómo se llama?—Progreso.
—¿Quién va en él?—La humanidad.
—¿Quién le dirige?—Dios mismo.
—¿Cuándo parará?—Jamás.
        MANUEL DE LA REVILLA

(c)   LA VIDA

La vida es dulce o amarga;
es corta o larga ¿qué importa?
El que goza la halla corta,
y el que sufre la halla larga.

Mi deseo es desear,
más que alcanzar lo que quiero,
y, mejor que lo que espero,
lo que quiero es esperar.
        RAMÓN DE CAMPOAMOR

(d) Los ojos de la morena

Tus ojos, morena,
me encantan a mí
aun más que las rosas
aun más que el jazmín,
aun más que las perlas,
aun más que el rubí.
Por eso sin ellos
no puedo vivir,
por eso los míos
se fijan en ti,
por eso a sus rayos
quisiera morir,
por eso me encuentro
contento y feliz
si tú a la ventana
te dignas salir,
si tú una mirada
me das desde allí.
Morena, por eso
te vuelvo a decir:
«Tus ojos, morena,
me encantan a mí.»

ANTONIO DE TRUEBA

(e) Arabesco

Oyendo hablar a un hombre, fácil es
acertar donde vió la luz del sol;
si os alaba a Inglaterra, será inglés,
si os habla mal de Prusia, es un francés
y si habla mal de España, es español.

JOAQUÍN MARÍA BARTRINA

(f) ¡Juventud, divino tesoro,
ya te vas para no volver!
Cuando quiero llorar, no lloro,
y a veces lloro, sin querer.

RUBÉN DARÍO

FIRST CONJUGATION (Present Tense)

VOCABULARY

el alumno pupil	**con** with
la alumna pupil	**de** of
la clase class	**en** in
el español Spanish	**bien** well
el inglés English	**mal** badly, poorly
la lección lesson	**mucho** much, many;
el maestro teacher	(*adv.*) much, a great
el señor gentleman, sir	deal
la señorita young lady	**no** no, not
estudiar study	**sí** yes
explicar explain	**¿qué?** what?
hablar speak	**pero** but
a to	**y** and
Juan John	**María** Mary
Señor Blanco Mr. Blanco	**Señorita Burton** Miss Burton

I. REGULAR VERBS. There are three regular conjugations in Spanish. The infinitives of these three conjugations end thus:

First Conjugation	-ar (hablar, explicar, estudiar)
Second Conjugation	-er (comer, beber)
Third Conjugation	-ir (subir, vivir)

II. PRESENT TENSE OF **hablar**.

Singular

hablo	I speak, I am speaking, I do speak
hablas	you speak, you are speaking, you do speak
habla	he (she) speaks, he is speaking, he does speak
Vd. habla	you speak, you are speaking, you do speak

Plural

hablamos	we speak, we are speaking, we do speak
habláis	you speak, you are speaking, you do speak
hablan	they speak, they are speaking, they do speak
Vds. hablan	you speak, you are speaking, you do speak

(a) The use of personal pronouns as subject of the verb is quite unnecessary in Spanish, since the verb ending usually indicates who the subject is.

(b) The ending **-as** is used in addressing a relative or friend whom one calls by his first name. The **-áis** ending is used in addressing several relatives or friends.

(c) Note that the single verb form **hablo** expresses:

(1) the simple idea   I speak, or
(2) the progressive idea   I am speaking, or
(3) the emphatic idea   I do speak.

(d) **V. (Vd.)** is a symbol for **Vuestra merced** (*Your Grace*, *Your Honor*); **Vuestra merced** is now written and pronounced **"usted."** Since **usted** means *Your Grace*, it naturally takes the third person form of the verb. **Usted** (plur. **ustedes**) is the only personal pronoun that, as subject, is usually expressed. **Usted** expresses unfamiliarity, formality. On entering high school, pupils are addressed by their teachers as **usted, ustedes.** For practical reasons, most of the exercises in this book will demand the use of **usted,** rather than the familiar verb forms of the second person.

V. (Vd.)   = usted
VV. (Vds.) = ustedes

Juan, no estudias mucho.
Juan y María, no estudiáis la lección.
¿Qué estudia Vd., Señor Blanco?
Señoritas ¿qué estudian Vds.?
¿Estudia? *Does he (she) study?*

III. Definite Article.

Singular		*Plural*	
Masc.	*Fem.*	*Masc.*	*Fem.*
el	la	los	las

(a) Names of languages take the definite article except after the verb **hablar,** and after the prepositions **de** and **en.**

Hablamos español.
Estudiamos el español.
Hablan español en la clase de español.
Explica la lección en inglés.

IV. Gender of Nouns.

Nouns, in Spanish, are either masculine or feminine; those denoting males are masculine, and those denoting females, feminine. The gender of inanimate objects must be learned.

el libro	book	la pluma	pen
el papel	paper	la lección	lesson

V. PLURAL OF NOUNS. Nouns ending in a vowel add **s** to form the plural; nouns ending in a consonant add **es** to form the plural.

el libro	los libros	la pluma	las plumas
el papel	los papeles	la lección	las lecciones

VI. NEGATION. A negative idea is usually expressed by putting **no** immediately before the verb.

> No estudiamos mucho.
> Juan ¿no estudias la lección de español?
> Los alumnos no hablan español.

EXERCISES

A. El señor Blanco, maestro de la clase de español, no estudia las lecciones; habla español bien; no habla mucho inglés en la clase de español. Explica la lección a la clase en inglés. Explica la lección a los alumnos y a las alumnas.

Juan no estudia mucho la lección de español. No habla español. María estudia mucho y habla español con el maestro; explica la lección a Juan.

— Señor Blanco ¿qué estudia Vd.?
— Estudio la lección de inglés.
—¿No estudia Vd. las lecciones de español?
— Sí, estudio el inglés y el español.
—¿Qué explica Vd. a la clase, señorita Burton?
— Explico la lección de español.
—¿Qué lección estudian Juan y María?
— Estudian la lección de inglés; Juan no estudia mucho.
—¿Qué estudiamos?
— Estudiamos el español.
—¿Hablamos español bien?
— No, señor; hablamos español mal, pero Vd. habla español bien.

B. *Translate into Spanish.* 1. The teacher is explaining the lesson. 2. What lesson is he explaining? 3. What do you study, Mary? 4. Does he explain the Spanish lesson? 5. Does he speak Spanish? 6. Don't you speak Spanish, Miss Burton? 7. Yes, I speak Spanish, but I don't speak Spanish well. 8. The

teacher speaks Spanish and English.   9.   We don't study Spanish
much.   10.   Miss Burton, what are you explaining to the class?
11.   John and Mary, what are you studying?   12.   She doesn't
study Spanish much, but she explains the lessons well.   13.   The
pupils (*fem.*) are studying.   14.   Are you studying the Spanish
lesson, Mr. Blanco?   15.   Don't they speak Spanish with the
teacher?

C.   *Express each of the following ideas by one Spanish word.*
1.   We speak.   2.   We are speaking.   3.   Is he studying?   4.
They explain.   5.   Are they explaining?   6.   I am speaking.
7.   Are they studying?   8.   Are you studying (John)?   9.   Do
you speak (Mr. Smith)?   10.   He explains.

ESTAR (Present Tense)

VOCABULARY

la casa	house, home; **en**	**cansado**	tired
casa	at home	**enfermo**	sick
el lápiz (los lápices)	pencil	**perezoso**	lazy
el libro	book	**sentado**	seated
la mesa	table	**aquí**	here
la pluma	pen	**¿dónde?**	where?
la sala de clase	classroom	**en**	in, on
estar	be	**hoy**	today
preparar	prepare	**muy**	very
pronunciar	pronounce	**¿por qué?**	why?

I. PRESENT TENSE OF **estar** (*be*).

Singular	Plural
estoy	estamos
estás	estáis
está	están

Note: Hereafter, in conjugating any verb, only three singular and three plural forms will be given.

II. USES OF **estar**. The principal uses of **estar** are:

(a) To denote location.

Barcelona está en España.

Estamos aquí.

(b) With a predicate adjective to express a temporary quality or condition.

Juan está hoy muy perezoso.

¿Está Vd. cansada, señorita Blanco?

23

III. **Definite Article Before Titles.** Except in direct address, titles are always preceded by the definite article.

> El señor Manley pronuncia bien.
> Señor Manley ¿qué lección prepara Vd.?

IV. **Contraction of el with a and de.** A el contracts to **al** and **de el** to **del.**

> la mesa del maestro; el maestro explica la lección al alumno

V. **Possession.** Possession is expressed by **de** followed by the name of the possessor.

el libro de Juan	John's book
las plumas de las alumnas	the pupils' pens
la mesa del maestro	the teacher's table

VI. **Gender and Number of Adjectives.** The great majority of Spanish adjectives end in -o (*Masc.*) and -a (*Fem.*). A number have the endings -e (*Masc.*) and -e (*Fem.*). Some end in a consonant.

Adjectives are pluralized in the same way as nouns.

Masculine Singular	Feminine Singular	Masculine Plural	Feminine Plural
cansado	cansada	cansados	cansadas
rico (rich)	rica	ricos	ricas
pobre (poor)	pobre	pobres	pobres
fácil (easy)	fácil	fáciles	fáciles

VII. **Agreement of Adjectives.** Adjectives must agree in gender and number with the nouns they modify, or to which they refer.

> La señorita Corley está sentada.
> ¿Están hoy los alumnos perezosos?

EXERCISES

A. *Read aloud in Spanish and then translate.* 1. Juan ¿estás enfermo hoy? 2. No, estoy perezoso y cansado. 3. ¿Dónde estamos? 4. Estamos en la sala de clase. 5. ¿Dónde están los libros del maestro? 6. Están en la mesa del maestro. 7. Estoy aquí. 8. Señor Wilson ¿qué lección prepara Vd.? 9. Preparo la lección de español. 10. ¿Está Vd. muy cansada, señorita Storey? 11. Sí, señor, estoy muy cansada. 12. ¿Están los lápices de los alumnos en casa? 13. No, señor, están aquí en la sala de clase. 14. No pronunciamos el español bien. 15. ¿Por qué no explica la lección al alumno en inglés? 16. Habla inglés muy bien. 17. ¿Dónde está la casa del maestro? 18. ¿Estamos enfermos? 19. No, señor, estamos cansados. 20. La clase está sentada.

B. *Translate into Spanish.* 1. We are not at home today. 2. We are in the classroom. 3. We speak Spanish with the teacher. 4. Where is the teacher's table? 5. Where are the teacher's books? 6. Where are the pupils' pencils? 7. Are you lazy, Miss Corley? 8. Why aren't you preparing the Spanish lesson? 9. Why are you here, Mr. Hatfield? 10. Why isn't he at home today? 11. They are on the teacher's table. 12. What are they studying today? 13. What is he explaining to the pupil? 14. Where is the Spanish lesson? 15. What book do they study?

C. *Answer in Spanish.* 1. ¿Dónde está Vd.? 2. ¿Qué estudiamos? 3. ¿Estás cansada? 4. ¿Qué prepara Vd.? 5. ¿Por qué no está Juan aquí? 6. ¿Dónde está María? 7. ¿Hablan Vds. español bien? 8. ¿Estudia Vd. mucho, señorita Blanco? 9. ¿Por qué no? 10. ¿Dónde estamos?

D. *10-minute quiz; each absolutely correct answer receives 5%.*

1. the pencil.	11. He is lazy.
2. the book	12. She is tired.
3. the teacher's books	13. with the class
4. to the pupil (*m.*)	14. the English class
5. to the pupil (*f.*)	15. John and Mary
6. of the house	16. yes
7. on the table	17. Do you speak Spanish?
8. I am here.	18. Why not?
9. Where is he?	19. He is preparing.
10. He is at home.	20. What is she studying?

SECOND CONJUGATION (Present Tense)

VOCABULARY

la dificultad	difficulty	leer	read
la escuela	school	cada (*invariable*)	each
la frase	sentence	todo	all; everything
la gramática	grammar	al fin	finally
la palabra	word	entonces	then
la pronunciación	pronunciation	primero	first
la regla	rule	¿cómo?	how?
el vocabulario	vocabulary	mientras	while
aprender	learn	poco (*adv.*)	little; (*adj.*)
comprender	understand		little, few
escuchar	listen		

I. PRESENT TENSE OF **aprender** (*learn*). Infinitives of verbs of the second conjugation end in **-er**.

Singular	*Plural*
aprendo	aprendemos
aprendes	aprendéis
aprende	aprenden

II. REFLEXIVE PRONOUN **se**. **Se**, the reflexive pronoun of the third person, meaning *himself*, *herself*, *itself*, *themselves*, immediately precedes the verb of which it is the object. Spanish makes use of this reflexive **se** construction excessively, to express:

(a) A general passive idea.

La gramática se explica en la clase. (is explained)

Todas las lecciones se preparan en casa. (are prepared)

(b) An impersonal idea, where English uses *one*, *we*, *they*, *you*, *people*, or the passive voice.

26

¿Dónde se habla español?	Where do they speak Spanish? (Where do people speak Spanish? Where is Spanish spoken?)
¿Cómo se pronuncian las palabras?	How do you pronounce the words? (How does one pronounce the words? How are the words pronounced?)

EXERCISES

A. *Read aloud several times and then translate.* ¿Dónde estamos? Estamos en la escuela. No estamos en casa. Estudiamos el español. Preparamos todas las lecciones en casa. Hablamos español muy poco.

¿Qué se estudia aquí? Se estudia el español. Se explican en la clase las reglas de la gramática y la pronunciación de todas las palabras del vocabulario. ¿No se explican todas las dificultades de la lección? Sí, señor, el maestro explica bien las dificultades.

¿Cómo se aprende la pronunciación de las palabras? Primero lee el maestro el vocabulario, mientras los alumnos escuchan bien; entonces explica las dificultades de la pronunciación; al fin leen los alumnos las frases.

¿Cómo se explica la lección? Primero el maestro lee y explica las reglas; entonces los alumnos leen las palabras del vocabulario y las frases; al fin el maestro lee y explica todo en inglés.

¿Qué libro se lee aquí? Se lee el libro de español. ¿Qué se aprende aquí? Se aprende el español. Señor Miller ¿comprende Vd. todo? No, señor, comprendo hoy muy poco, pero aprendo mucho.

¿Por qué no están Juan y María en la escuela hoy? Están en casa; están enfermos.

B. *Translate into Spanish, using* **se** *in sentences 5, 6, 7, 11, 15.*
1. Where is he today? 2. They are in the classroom. 3. What are they learning? 4. They are learning the rules of the grammar. 5. How does one learn the rules? 6. Where is Spanish spoken? 7. Is it spoken here? 8. He reads all the words to the class. 9. They understand the grammar very little. 10. They listen while he explains everything. 11. What book is read first? 12. What do you learn at home? 13. Are

the pupils' pens and pencils here? 14. Why are they (*f.*) sitting down today? 15. Finally the sentences are read.

C. *Answer in Spanish.* 1. ¿Qué se aprende aquí? 2. ¿Dónde están Juan y María? 3. ¿Cómo se pronuncia «pronunciación» en español? 4. ¿Dónde está Vd.? 5. ¿Comprende Vd. todo? 6. ¿Escuchan los alumnos? 7. ¿Estudia Vd. las reglas? 8. ¿Qué se estudia aquí? 9. ¿Qué lee el maestro? 10. ¿Prepara Vd. la lección con pluma?

D. *10-minute quiz; 5% for each correct answer.*

1.	the lesson	11.	the pronunciation
2.	few pens	12.	each word
3.	here	13.	each house
4.	today	14.	in Spanish
5.	while	15.	why?
6.	first	16.	where?
7.	then	17.	how?
8.	at last	18.	very tired
9.	I understand	19.	very little
10.	the rules	20.	on the table

SER (Present Tense)

VOCABULARY

el color color		**rojo** red	
el cuaderno notebook		**fácil** easy	
el papel paper		**difícil** hard, difficult	
la pizarra blackboard		**largo** long	
la plumafuente fountain pen		**corto** short	
la tiza chalk		**diligente** diligent	
la verdad truth		**interesante** interesting	
ser (*irreg. verb*) be		**necesario** necessary	
azul blue		**útil** useful	
blanco white		**o** or	
negro black			

I. Conjugation of **ser** (Present Tense).

Singular	*Plural*
soy	somos
eres	sois
es	son

II. Uses of **ser** (*be*). Spanish has two verbs meaning *be*. The uses of **estar** have already been explained.

Ser is used in two cases:

(a) With a predicate noun.

Es la casa del maestro.

(b) With predicate adjectives that denote a natural, innate, or permanent quality.

La tiza es blanca.

Los libros son muy útiles.

29

III.   ¿No es verdad? or **¿verdad?**   In English, we often convert statements into questions, thus:

> Spanish is easy, isn't it?
> The lessons are long, aren't they?
> They don't learn the rules, do they?

In Spanish, the same effect is produced by adding **¿no es verdad?** or simply **¿verdad?** to the statement.

> El español es fácil ¿no es verdad?
> Las lecciones son largas ¿verdad?
> No aprenden las reglas ¿verdad?

IV.   ¿De qué color?   Where English permits *What color is the house?*, *What color are the fountain pens?*, Spanish requires **¿De qué color es la casa?** and **¿De qué color son las plumafuentes?**

V.   Ser + Adjective + Complementary Infinitive.   In this construction, Spanish omits the preposition *to*.

It is easy to understand the rules.   Es fácil comprender las reglas.

It is necessary to learn Spanish.   Es necesario aprender el español.

EXERCISES

A.   *Read aloud three times and then translate.*   Primero hablan los alumnos de los colores.   Los colores son muy interesantes ¿no es verdad?   ¿De qué color son los cuadernos de los alumnos?   Son rojos ¿verdad?   La tiza es blanca, pero la pizarra es negra.   La plumafuente del maestro es azul.   ¿De qué color es el papel de los libros?   Es blanco.

¿Es la lección de hoy fácil o difícil?   No es muy fácil, y no es muy difícil.   Los vocabularios son largos.   Las frases son cortas. Es necesario ser diligente y estudiar todo.   El español es muy útil ¿verdad?   Sí, señor.   ¿Es difícil aprender el español?   Sí, es muy difícil; los alumnos perezosos no aprenden mucho.

¿Qué es útil?   El papel, las plumas, los lápices, los cuadernos, la tiza, la pizarra, los libros son útiles.   Todo es útil ¿verdad?

Somos todos muy diligentes.   No somos perezosos.   Estudiamos mucho cada lección. Es necesario estudiar todos los vocabularios, todas las reglas, la gramática y las frases. Es necesario comprender todo. Todo se explica bien en la clase. El maestro explica todas las dificultades en la pizarra. El español es muy interesante.

B. *Translate into Spanish.* 1. Where is the teacher's fountain pen? 2. The teacher's pen is blue, isn't it? 3. Are the Spanish lessons easy or difficult? 4. They are difficult, but they are interesting. 5. John and Mary are sick today and are not here. 6. Where are the pupils' notebooks? 7. They are on the teacher's table. 8. It is necessary to learn every word (**todas las palabras**). 9. Is today's lesson long or short? 10. What color is the teacher's notebook? 11. It is black. 12. Why isn't it easy to learn Spanish? 13. It is difficult to learn all the words and how they are pronounced. 14. The rules are not explained in Spanish.

C. *Oral work; one pupil puts the question in Spanish and another replies in Spanish.* 1. Do you speak Spanish? 2. Why are you studying Spanish? 3. Where are we now? 4. Is the pronunciation easy? 5. Are you diligent? 6. Is the teacher here today? 7. Is the lesson long or short? 8. It is difficult, isn't it? 9. Spanish is useful, isn't it? 10. What color is the teacher's desk?

D. *10-minute quiz; 5% for each correct answer.*

1. at last	11. He isn't here.
2. lazy or diligent	12. of the rules
3. why?	13. of the pronunciation
4. the truth	14. with the class
5. black	15. while
6. little chalk	16. he learns
7. the colors	17. Do you understand?
8. the fountain pen	18. in the school
9. first	19. each difficulty
10. then	20. Is it necessary to listen?

SUBJECT PERSONAL PRONOUNS

VOCABULARY

el día day		**posible** possible	
todos los días every day		**un, una** a, an	
la maestra teacher		**¿quién (quiénes)?** who?	
el periódico newspaper		**ahora** now	
entrar (en) enter		**siempre** always	
llegar arrive		**también** also, too	
trabajar work		**tarde** late	
español (*adj.*) Spanish		**temprano** early	
inglés (*adj.*) English		**porque** because	

I. Personal Pronouns. The personal pronouns used as subjects of verbs are:

Singular		*Plural*	
yo	I	nosotros(-as)	we
tú	you (*familiar*)	vosotros(-as)	you (*familiar*)
él	he	ellos	they
ella	she	ellas	they
usted (Vd.)	you (*formal*)	ustedes (Vds.)	you (*formal*)

These subject pronouns, excepting **usted** and **ustedes,** are usually omitted; when used, they are emphatic.

Tú and **vosotros** are used in addressing relatives, friends, and children under 12–14 years of age; in most Spanish schools, children above 12–14 years of age are addressed formally with the pronouns **usted** and **ustedes.**

Él llega siempre tarde; ella llega temprano.

Ellas son alumnas; ustedes son maestras.

The subject pronoun "it" is almost never used in Spanish.

Es muy interesante pero no es fácil.

II. INDEFINITE ARTICLE. The indefinite article, **un** (*masc.*) and **una** (*fem.*), is used approximately as in English, and translated *a* or *an*.

un periódico   una alumna   una tía

III. Entrar en. In English, the verb *enter* takes a direct object and we say, *I entered the room.* Spanish **entrar** cannot take a direct object; one *enters into* (**entrar en**) the room.

Primero entramos en la sala de clase.

EXERCISES

A. *Read aloud twice before translating.* ¿Quiénes entran ahora en la sala de clase? Son los alumnos ¿verdad? Sí, señor, entran hoy muy temprano. La maestra también entra ahora; siempre ella llega temprano a la escuela y trabaja mucho; todos los días trabaja temprano y tarde. Nosotros no trabajamos mucho, porque no somos maestros y maestras.

Yo leo un periódico. ¿Qué lee Vd., señorita Wallace? Yo también leo un periódico; es fácil y muy interesante porque es un periódico inglés; es posible leer mucho en un día en inglés. No es posible leer mucho en español, porque no leemos bien el español.

¿Qué estudia ahora la maestra? Estudia un libro español; estudia siempre el español; ella no lee un periódico en la sala de clase; no es posible; ella lee los periódicos en casa. ¿Lee ella los periódicos españoles también? Sí, señor, lee muy bien el inglés, y el español también.

¿Quién explica la pronunciación y las dificultades de la gramática también? Es el maestro o la maestra. El español no es difícil, porque todas las reglas se explican bien en la clase. La maestra explica bien y nosotros escuchamos bien.

B. *Translate into Spanish.* 1. We are here every day, but they are always at home. 2. She arrives early, but I arrive late. 3. Why doesn't he work too? 4. Why don't we work every day? 5. A day is very short. 6. Is it necessary to work now? 7. The book is interesting because we work. 8. He explains everything while we listen. 9. How is the word pronounced? 10. Why is she always here? 11. Is it necessary to learn all the words in each lesson? 12. What lesson does one read first?

13. Where are the teacher's books?   14.   John, are you tired?
15. I am not very tired.

C. *10-minute quiz; 5% for each correct answer.*

1. I am here.
2. every day
3. always here
4. always late
5. It is possible.
6. It is necessary.
7. It is useful.
8. why?
9. because
10. now

11. Who is it?
12. Who is working?
13. Who is talking?
14. Who are entering?
15. we also
16. Is it easy?
17. red or blue
18. black or white
19. a vocabulary
20. few pencils

THIRD CONJUGATION (Present Tense)

VOCABULARY

el campo	field, country	**algo**	something, anything
la ciudad	city	**algunos(-as)**	some, any
la clase	kind, sort	**bueno**	good
la familia	family	**malo**	bad
la gente	people	**alegre**	happy, merry
el pueblo	village	**triste**	sad
la vida	life	**pobre**	poor
describir	describe	**rico**	rich
escribir	write	**otro**	other, another
vivir	live	**que**	(*rel. pron.*) who,
hay	there is, are		whom, that, which

I. PRESENT TENSE OF **escribir** (*write*).

Singular	*Plural*
escribo	escribimos
escribes	escribís
escribe	escriben

II. PRESENT TENSE ENDINGS.

First Conjugation:	o	as	a	amos	áis	an
Second Conjugation:	o	es	e	emos	éis	en
Third Conjugation:	o	es	e	imos	ís	en

III. **Hay** (*there is, there are*). **Hay,** meaning *there is* or *there are,* does not express location, but rather the existence of certain individuals or things.

> Hay muchas palabras en un libro.
> Hay alumnos que no estudian cada lección.

IV. RELATIVE PRONOUN **que.** **Que,** as relative pronoun, may be used as subject or object of a verb, and may refer to persons or things; hence it may mean *who, whom, that,* or *which.*

The relative pronoun is never omitted in Spanish, as is frequently the case in English. (*The man we saw yesterday is rich.*)

The neuter constructions **lo que** (*that which, what*) and **todo lo que** (*all that, everything that*) occur frequently.

> La gente que vive aquí es muy alegre.
> Las familias que describo son ricas.
> Lo que Vd. escribe es muy interesante.
> Comprendemos todo lo que él explica.

EXERCISES

A. *Read aloud twice before translating.* La familia de la maestra vive en la ciudad; ella vive en un pueblo; nosotros vivimos en un pueblo también. ¿Dónde vivís vosotros, Juan y María? Mucha gente vive en el campo ¿no es verdad?

La maestra describe primero la vida de la gente que vive en el campo. Hay familias en el campo que son alegres; algunas son muy pobres, otras muy ricas.

Entonces describe ella la vida en un pueblo. En un pueblo también hay familias que son pobres y alegres; hay otras familias que son ricas pero muy tristes. Hay todas clases de gente en un pueblo.

Al fin la maestra describe la vida de la gente en una ciudad. Hay mucha gente rica y mucha gente pobre en cada ciudad. No es cada familia rica porque vive en una ciudad. En una ciudad hay buena gente y mala gente. Algunas familias en la ciudad son muy ricas, otras muy pobres; algunas son muy alegres, otras muy tristes. Hay gente de todas clases en una ciudad.

Lo que describe la maestra es interesante. Aprendemos algo en la clase de español. Todo lo que se aprende aquí es interesante y útil ¿verdad? Todo lo que los alumnos aprenden, escriben en los cuadernos; algunos escriben mucho, otros muy poco. Es necesario escuchar todo lo que se explica en la clase.

B. *Translate into Spanish.* 1. I live here, but he lives in the country. 2. Who lives in a village? 3. Are there good people in the city too? 4. The family that lives here is poor. 5. What kind of city is it? 6. Why are some families happy and others sad? 7. The life that he describes is interesting, isn't it? 8. Where do you live now, Miss Wallace? 9. We are now living in the country. 10. What sort of letters do you write in Spanish, John? 11. There is something on the blackboard that I don't understand. 12. He always arrives late because he is always reading a newspaper. 13. We learn something every day. 14. Everything that we read is useful.

C. *Oral work*. 1. Who lives here? 2. I live here. 3. Who is working? 4. We are working. 5. Is it possible? 6. It is possible. 7. Are you always here? 8. I am always here. 9. Who arrives early? 10. I arrive very early. 11. Where do they live? 12. They live here too. 13. Are you learning something? 14. I am learning very little. 15. Are there books on the table? 16. Yes, there are some books on the table. 17. There are few pupils in the class.

D. *10-minute quiz; 5% for each correct answer.*

1.	There are other books.	11.	with chalk
2.	in the country	12.	Is it blue?
3.	in a city	13.	What color is it?
4.	of the village	14.	long
5.	very late	15.	short
6.	the fountain pen	16.	Where is it?
7.	very easy	17.	all the sentences
8.	something	18.	all the words
9.	We are living.	19.	while he reads
10.	We are learning.	20.	other newspapers

POSSESSIVE ADJECTIVES

VOCABULARY

el abogado lawyer
el campesino farmer
el médico doctor
el hermano brother
la hermana sister
la madre mother
el padre father
los padres parents
el (la) pariente relative

Pablo Paul

el tío uncle
la tía aunt
España *f.* Spain
Inglaterra *f.* England
comer eat
descansar rest
fumar smoke
viajar travel
cuando (*conj.*) when

Pedro Peter

I. Possessive Adjectives. The possessive adjectives are:

Singular	*Plural*	*Usage*
mi	mis	my
tu	tus	your (*to a friend*)
nuestro(-a)	nuestros(-as)	our
vuestro(-a)	vuestros(-as)	your (*to friends*)
su	sus	his, her, its, their, your (*formal to one or several*)

The possessive adjective must agree in gender and number with the noun it modifies.

Su, because it may denote any one of several possessors (él, ella, ellos, ellas, Vd., Vds.), may be ambiguous; usually, however, the preceding conversation or a nod or some slight gesture will leave no doubt as to its meaning.

Mi padre trabaja mientras mi madre descansa.
Mis padres no están en España.

Juan y su tío viajan mucho en Inglaterra.

Señor Martin ¿dónde está su madre?

Vuestro pueblo es muy pobre.

Juan y María ¿por qué no están vuestros padres aquí?

II. Predicate Nouns with **ser**. An *unqualified* (*unmodified*) *predicate noun* denoting profession or nationality is not preceded by the definite article.

Mi tío es abogado; es español; es un abogado español.

III. **Los padres, los tíos,** etc. The masculine plural of certain nouns is used collectively to include both genders.

los padres	the parents
los hermanos	the brothers and sisters
mis tíos	my uncle(s) and aunt(s)
los campesinos	the farmers (and their wives)

EXERCISES

A. *Read aloud twice before translating.* Mi tío Juan vive en España; mi tía Anita vive en España también; mis tíos viven en España; son campesinos porque viven en el campo.

—Señorita Watson ¿dónde están sus padres? —Mis padres viajan ahora en Inglaterra; viajan mucho en Inglaterra y España, porque hablan inglés y español muy bien.

—María, tu padre es médico ¿verdad? —Sí, señor, mi padre es médico. —María ¿dónde viven tus padres? Viven en la ciudad ¿verdad? —No, señor, viven en un pueblo.

—Señores ¿cuándo fuman Vds.? —Fumamos cuando comemos, cuando descansamos y cuando trabajamos. —¿Dónde fuman Vds.? —Fumamos en casa y en las casas de nuestros parientes. Todos nuestros parientes fuman también.

—¿Por qué no estudiáis vuestra lección de español, Pedro y Pablo? Vuestra hermana estudia mucho; ella aprende bien todas sus lecciones. —Los padres no están aquí y estamos cansados; no es necesario trabajar siempre.

El padre de Pablo Real es abogado; su hermano y su tío son abogados también; en la familia de Pablo hay muchos abogados. Algunos son ricos, otros son pobres.

B. *Translate into Spanish.* 1. All my relatives live in Spain.
2. Her brother is a lawyer. 3. His mother and his aunt are
traveling in England. 4. Where are your notebooks, John and
Mary? 5. Why are they always smoking when they are in our
house? 6. Do they smoke in your house too, Mr. Wilson? 7.
My brothers and sisters are all poor. 8. There are many farmers
in our village. 9. Gentlemen, why don't you read your news-
papers? 10. He arrives late at our class every day. 11. What
color is your fountain pen, Miss Watson? 12. The villages that
the doctor describes are very interesting.

C. *Oral work.* 1. My mother is at home. 2. Where is
your brother, John? 3. My parents are here. 4. Her uncle is
rich. 5. Her aunt speaks Spanish. 6. They learn their words.
7. We write our lessons. 8. They are not easy. 9. Where is
your house, Mr. Wilson? 10. There are many colors. 11. Our
notebooks are red. 12. They don't live here.

D. *10-minute quiz; 5% for each correct answer.*

1.	the paper	11.	I am seated.
2.	of the farmer	12.	because
3.	my pencils	13.	why
4.	her house	14.	while they write
5.	their vocabulary	15.	red
6.	your mother, Paul	16.	It is possible.
7.	of the doctor	17.	now
8.	sick	18.	very early
9.	lazy	19.	other cities
10.	He is smoking.	20.	in Spain

RADICAL-CHANGING VERBS

VOCABULARY

la vez time (*repetition*)	**empezar(ie)** begin
una vez once	**entender(ie)** hear, understand
dos veces twice	**jugar**(ue) play
tres veces three times	**preferir**(ie) prefer
algunas veces sometimes	**recordar(ue)** remember
muchas veces often	**repetir**(i) repeat
otra vez again	**tratar (de)** try (to)
abrir open	**volver(ue)** return
cerrar(ie) close	**antes de** before
dormir(ue) sleep	**después de** after

todo el mundo everyone, everybody

Note: Hereafter all radical-changing verbs will be indicated by **ie, ue,** or **i,** in parentheses.

I. RADICAL-CHANGING VERBS.   In Spanish a very large number of verbs with **e** or **o** in the stem undergo a radical (root, stem) change in the present tense, and in certain other forms which we shall study later.   The infinitive gives no dependable clue as to whether the verb stem is always regular or whether it undergoes the radical twist; each verb, therefore, must be learned individually; if it is a radical-changing verb, it must be noted and learned as such.

These radical twists occur in the three singular forms and in the third person plural of the present tense.   We can represent the verb stem, then, as acting thus:

Singular	~	~	~
Plural	–	–	~

The three radical changes are:

(1) e to ie (In conjugations I, II, III)
(2) e to i   (Only in a few verbs in conjugation III)
(3) o to ue (In conjugations I, II, III)

II. PRESENT TENSE OF RADICAL-CHANGING VERBS.

cerrar	*jugar*	*volver*	*dormir*
cierro	juego	vuelvo	duermo
cierras	juegas	vuelves	duermes
cierra	juega	vuelve	duerme
cerramos	jugamos	volvemos	dormimos
cerráis	jugáis	volvéis	dormís
cierran	juegan	vuelven	duermen

entender	*preferir*	*repetir*
entiendo	prefiero	repito
entiendes	prefieres	repites
entiende	prefiere	repite
entendemos	preferimos	repetimos
entendéis	preferís	repetís
entienden	prefieren	repiten

III. AGAIN. The idea "again" may be expressed in two ways:

(a) **otra vez** (meaning *once more, again*)
(b) **volver a** + infinitive; this idiom is much used.

> Empezamos la lección otra vez.
> Volvemos a empezar la lección.
> Los alumnos vuelven a llegar tarde.

IV. COMPLEMENTARY INFINITIVES. An infinitive is said to be complementary when it completes the idea begun by the main verb. (*He tries to learn it. We must return home.*) In Spanish the complementary infinitive may be introduced by the prepositions **a** or **de** or by no preposition at all, depending on the requirement of the principal verb. These verbs and their connecting prepositions must be learned individually.

aprender a + infinitive	tratar de + infinitive
empezar a + infinitive	volver a + infinitive
preferir + infinitive	

Aprendemos a hablar español.
Tratamos de aprender el español.
Vuelve a estudiar el español.
Prefieren jugar aquí.
¿Por qué no empieza Vd. a estudiar?

V. PREPOSITIONAL PHRASES. The infinitive is the verb form used after prepositions. In English, the gerund, ending in -*ing*, is the verb form used with most prepositions.

antes de volver a casa | before returning home
después de dormir | after sleeping

EXERCISES

A. *Read aloud twice before translating.* Los alumnos juegan mucho; juegan antes de trabajar y juegan después de trabajar; estudian mucho, pero prefieren jugar. Yo también trato de estudiar mucho, pero prefiero jugar.

Después de entrar en la sala de clase, empezamos a abrir nuestros libros; el maestro abre sus libros también. Al fin empieza el maestro a explicar la lección, pero los alumnos no entienden bien porque no escuchan. Entonces el maestro vuelve a explicar todo, pero otra vez los alumnos no comprenden lo que él explica. Otra vez, dos veces, tres veces repite todo. Los alumnos tratan de comprender; algunas veces comprenden muy bien lo que se explica en la clase pero no recuerdan todas las palabras del vocabulario.

Después de escuchar y de escribir mucho en los cuadernos, los alumnos cierran los libros; el maestro cierra su libro también. Entonces los alumnos vuelven a jugar mientras el maestro trata de descansar un poco.

No se duerme en nuestra escuela. No es posible dormir. Todo el mundo prefiere aprender algo o jugar.

B. *Translate into Spanish.* 1. I don't remember all the rules. 2. Sometimes we don't hear what you are reading, Miss Wilson. 3. Everyone tries to understand the lesson. 4. We repeat every sentence twice. 5. He is sleeping again. 6. After sleeping, he begins to study his lessons. 7. They open the books and begin to read. 8. We prefer to live in the country. 9. What kind of books do you read, Mr. Blanco? 10. There are good people and bad people in every city.   **11.**   Their father is a doctor, isn't he?   **12.**   Our parents always return home early.   **13.** Where is Spanish spoken?   **14.**   After eating, he always smokes. **15.**   Some fountain pens are red.

C.   *Oral work; answer in Spanish.*   1.   ¿De qué color es su lápiz?   2.   ¿De qué color es la tiza?   3.   ¿De qué color son sus cuadernos?   4.   ¿Dónde vive Vd.?   5.   ¿Es el español útil? 6.   ¿Es el español fácil?   7.   ¿Dónde está Vd.?   8.   ¿Quién explica la lección?   9.   Su tío es abogado ¿verdad?   10.   ¿Juega Vd. todos los días?

D.   *10-minute quiz; 5% for each correct answer.*

1.	I prefer.	11.	I don't remember.
2.	I repeat.	12.	We are here.
3.	We repeat.	13.	I begin.
4.	to the teacher	14.	They return.
5.	once	15.	I am resting.
6.	three times	16.	What does he smoke?
7.	He plays.	17.	in England
8.	before sleeping	18.	our aunt
9.	after opening	19.	my sister
10.	They close.	20.	She is rich.

PERSONAL PRONOUNS AFTER PREPOSITIONS—NEGATION

VOCABULARY

la flor	flower	**el zapato**	shoe
la puerta	door	**comprar**	buy
la ropa	clothes	**cerca de**	near
el sombrero	hat	**lejos de**	far from
la tienda	store	**sin**	without
el traje	suit of clothes	**para**	for; in order to
la ventana	window	**nada**	nothing
el vestido	dress	**nadie**	no one

nunca   never

I. PERSONAL PRONOUNS AFTER PREPOSITIONS. The subject personal pronouns and their corresponding prepositional object forms are:

Singular		*Plural*	
yo	mí	nosotros	nosotros
		nosotras	nosotras
tú	ti	vosotros	vosotros
		vosotras	vosotras
él	él	ellos	ellos
ella	ella	ellas	ellas
usted	usted	ustedes	ustedes

(a) Note that the corresponding forms are all exactly alike, except **yo** (**mí**) and **tú** (**ti**).

(b) Note also the exceptional forms **conmigo, contigo.**

con él	conmigo	con nosotros
con ella	contigo	con Vds.

45

II. NEGATION. The negative idea is expressed in Spanish by
a negative word preceding the verb; this negative word is usually
no (*not*).

> La pizarra no es blanca.
> No compran nada en la ciudad.   (They don't buy anything
>   in the city.)
> Ella no trabaja nunca.

Note: Spanish uses the double negation **no . . . nada, no
. . . nadie, no . . . nunca.** If, however, **nada, nadie,** or **nunca**
precedes the verb, no other negation is expressed after the verb.

> No es nunca posible volver a casa.
> Nadie compra ropa en su tienda.
> Nunca es posible comprender toda la lección.

III. POSSESSIVE **su.** As we have seen, **su** may mean *his*, *her*,
their, or *your*, denoting possession by **él, ella, ellos, ellas, Vd.,** or
Vds. Any uncertainty as to the possessor, may be clarified thus:

> Compro su casa. = Compro la casa de él (ella).
> Abren sus libros. = Abren los libros de ellos (ellas).
> ¿Dónde vive su tía? = ¿Dónde vive la tía de Vd.(Vds.)?

EXERCISES

A. *Read aloud twice before translating*. En nuestra ciudad hay
muchas tiendas.   Hay una tienda cerca de nuestra casa, donde
mis padres compran mucho para mi hermano, para mi hermana
y para mí.   Yo no compro nada para ellos.

Muchas veces entra mi padre en una tienda para comprar algo
para mi madre; para ella compra flores y ropa; nunca compra para
ella un sombrero o un vestido.

¿Qué compran tus padres para tu hermano?   Para él compran
trajes y zapatos.   Nadie compra flores para él.

Todas las puertas de nuestra escuela se abren muy temprano.
Los maestros y las maestras abren las ventanas.   Entonces entran
los alumnos.   Las puertas y las ventanas se cierran.   Todo el
mundo empieza a estudiar.   Algunos alumnos escriben con pluma,
otros con lápiz.   El maestro escribe siempre con su plumafuente
azul.

¿Se aprende el español sin trabajar?   No; no es posible aprender

nada sin trabajar. Para aprender el español es necesario pronunciar mucho, hablar mucho, escribir mucho y recordar mucho.
Nadie descansa en la clase. Todo el mundo trata de comprender
todo y de recordar todo.

B. *Translate into Spanish.* 1. I prefer to play with him.
2. He studies with you, doesn't he, Mary? 3. No one studies
with me. 4. Who works with you, Mr. Watson? 5. No one
works with him. 6. The village, which he is describing, is not
rich. 7. What kind of people are there in your city? 8. Where
do they live now? 9. There are villages in Spain without doctors. 10. In our village there are doctors and lawyers. 11. In
Spain many farmers live in villages. 12. I study every lesson in
order to learn something. 13. She is buying a hat for her. 14.
Why doesn't he buy a suit for me? 15. The flowers are on a
table near the door. 16. Where are his house and her house?

C. *For oral translation.* 1. I live near here. 2. Where do
you live? 3. What are you buying? 4. I am buying clothes
for my brother. 5. Does he live far from here? 6. He lives in
our city. 7. He plays with me. 8. We play with them sometimes. 9. Are you beginning to understand? 10. I understand a little. 11. I listen to everything. 12. We try to
study.

D. *10-minute quiz; 5% for each correct answer.*

1.	near here	11.	I begin.
2.	near the door	12.	I play.
3.	with me	13.	I remember.
4.	with him	14.	He tries to play.
5.	without her	15.	before resting
6.	for you, Mary	16.	after smoking
7.	for you, Mr. Hall	17.	without trying
8.	your shoes (**Vd.**)	18.	of the farmer
9.	my suit	19.	their store (**ellas**)
10.	far from the house	20.	He reads the newspaper.

PRESENT TENSE OF SOME IRREGULAR VERBS

VOCABULARY

la cosa	thing	hacer	make, do
el diccionario	dictionary	ir	go
el dinero	money	poder(ue)	can, be able
la hacienda	farm	querer(ie)	wish, want to
la iglesia	church	tener	have, hold
el progreso	progress	venir	come
la tinta	ink	ver	see
decir(i)	say	visitar	visit

de vez en cuando   from time to time, occasionally
por ejemplo   for example

I. PRESENT TENSE OF SOME IRREGULAR VERBS.

decir (say)	hacer (make, do)	ir (go)	poder (can)
digo	hago	voy	puedo
dices	haces	vas	puedes
dice	hace	va	puede
decimos	hacemos	vamos	podemos
decís	hacéis	vais	podéis
dicen	hacen	van	pueden

querer (wish)	tener (have)	venir (come)	ver (see)
quiero	tengo	vengo	veo
quieres	tienes	vienes	ves
quiere	tiene	viene	ve
queremos	tenemos	venimos	vemos
queréis	tenéis	venís	veis
quieren	tienen	vienen	ven

II. PERSONAL OBLIGATION. *Have to*, *must* are expressed in Spanish by **tener que** + complementary infinitive. This idiom is, of course, much used.

> Tengo que ir a la escuela. (I have to go to school.)
> Tenemos que comprar un diccionario.
> ¿Qué tiene V. que hacer hoy?

Note the difference in the English sentences:

> I have to study a lesson. (Tengo que estudiar una lección.)
> *and* I have a lesson to study. (Tengo una lección que estudiar.)

III. *Be going to* + INFINITIVE. The English idiomatic phrase *be going to* + infinitive has as its counterpart in Spanish **ir a** + infinitive. This is one of the commonest idioms.

> Voy a escribir algo en español.
> ¿Qué van Vds. a hacer hoy?

Be coming to + infinitive, the same kind of idiom as **ir a,** is not quite so frequent.

> Vienen a visitar nuestra ciudad.

IV. **Poder** AND **querer** take the complementary infinitive without **any** connecting preposition.

> ¿Puede Vd. comprender todas las reglas?
> No queremos ir a casa ahora.

V. PERSONAL OBJECT OF VERB. If the direct object of a verb is a noun referring to a person or naming a place, it is regularly preceded by the preposition **a**; this preposition cannot be translated into English. **Tener** does not require this **a.**

> Veo a mis padres todos los días.
> Voy a ver a mi maestro también.
> Vd. tiene dos hermanos ¿no es verdad?

EXERCISES

A. *Read aloud before translating.* Nuestra clase de español hace **progreso**; es decir, todos los alumnos pueden pronunciar y leer el español muy bien. Algunos pueden hablar español un poco con la maestra.

Yo quiero viajar en España porque la maestra dice que hay muchas cosas interesantes que ver en España.

Quiero visitar a Madrid y a Málaga y otras ciudades. Quiero visitar algunas haciendas de Andalucía. Voy a ver las iglesias de Toledo, de Córdoba y de Sevilla, que la maestra describe de vez en cuando. Hay muchas cosas que voy a ver en España, que tengo que ver. La dificultad es que mis padres no tienen mucho dinero. Nadie en nuestro pueblo tiene mucho dinero.

De vez en cuando nuestros padres vienen a visitar a nuestra escuela. Cuando visitan a nuestra clase hoy, van a ver que no hay diccionarios en nuestra sala de clase. Hay muchas otras cosas; por ejemplo, hay plumas y tinta, plumafuentes, lápices y tiza para escribir; hay libros y cuadernos pero no hay diccionarios. Tenemos que comprar diccionarios. Cada alumno de la clase de español tiene que tener un diccionario.

B. *Translate into Spanish.* 1. The pupils who have grammars and who study make progress. 2. Occasionally we go to visit our relatives in the country. 3. They are farmers and they have to work every day. 4. There is much to do on a farm. 5. There are many things to see in England too. 6. Why can't I remember all the words that I hear in the Spanish class? 7. Can you remember everything that he says? 8. I try to remember everything. 9. I am going to write every word twice. 10. We must speak and repeat all the sentences.

C. *Oral work; answer in Spanish.* 1. ¿Puede Vd. hablar español? 2. ¿Dónde se habla español? 3. ¿Hay muchas cosas que ver en España? 4. ¿Tiene Vd. un diccionario? 5. ¿Qué quieren Vds. comprar? 6. ¿Quién va a comprar una plumafuente? 7. ¿Qué hace la maestra ahora? 8. ¿Por qué no tenemos dinero? 9. ¿Queréis ir a casa? 10. ¿Dónde hay un diccionario?

D. *10-minute quiz; 5% for each correct answer.*

1. for example	5. They are coming.
2. I am making	6. her money
3. I cannot	7. my dictionary
4. Can you?	8. What is he saying?

9. no one
10. They come home.
11. I say
12. What do you want?
13. the church
14. many things
15. There is much to do.
16. we say
17. they say
18. I am going to say
19. I have to work.
20. They want to work.

PERSONAL PRONOUNS (Indirect and Direct Object)

VOCABULARY

Alemania Germany
la América del Norte North America
la América del Sur South America
los Estados Unidos the United States
Europa Europe
Francia France
México Mexico
el alemán German (*lang. or person*)
la diferencia difference

el francés French (*lang.*); Frenchman
la lengua language
el mapa map
el país country (*geog.*)
la pared wall
dar give
mirar look, look at
mostrar(ue) show
conocer know (*acquaintance*)
saber know (*fact*)
traducir translate
entre between, among

Carlos Charles

I. PERSONAL PRONOUNS. The personal pronouns as indirect and direct objects of verbs have the following forms:

Subject	Indirect Object		Direct Object	
yo	me	*to me*	me	*me*
tú	te	*to you*	te	*you*
él	le	*to him*	le	*him*
ella	le	*to her*	la	*her*
	le	*to it*	lo	*it*
usted	le	*to you*	le *m.* (la *f.*)	*you*
nosotros(-as)	nos	*to us*	nos	*us*
vosotros(-as)	os	*to you*	os	*you*
ellos(-as)	les	*to them*	los *m.* (las *f.*)	*them*
ustedes	les	*to you*	los *m.* (las *f.*)	*you*

(a)   Position.   All personal pronoun objects, both indirect and direct, stand regularly immediately before the verb.

> El campesino nos muestra sus campos.
> El abogado les explica las dificultades.

(b)   When indirect and direct object pronouns are used together, the indirect precedes the direct.

> Vd. me lo explica muy bien.

(c)   Exception.   Personal pronoun objects of an infinitive follow it and are affixed to it; if there are two pronoun objects, the infinitive must bear an accent.

> Trato de comprenderlas.
> Ella no quiere dárnoslo.
> Vamos a mostrártelos.

(d)   Substitution of **se** for **le** or **les**.   When both object pronouns are in the third person, both begin with **l** (**le los, le lo, les las,** etc.); in such cases, for the sake of euphony, the indirect object **le** or **les** becomes **se**.

> El abogado se las explica.
> Vamos a dárselo.

(e)   Clarification of the ambiguous forms **le** (*to him, to her, to you*), and **les** (*to them, to you*), and **se** (*to him, to her, to you, to them, etc.*).   In actual conversation, there is usually no doubt as to the person or persons referred to by these pronouns.   If there can be any doubt, the sentence is clarified thus:

> El abogado se las explica a él, *or*
> El abogado se las explica a ella, *or*
> El abogado se las explica a Vds., *etc.*
> El abogado va a explicárselo a Vd.

Very frequently, for emphasis, the prepositional phrase begins the sentence, thus:

> A mí no me explica nada.
> A ellos el abogado se lo explica bien.
> A Vd. no voy a dárselo.

II.   IRREGULAR PRESENT TENSE.

dar (give)	conocer (know)	saber (know)	traducir (translate)
doy	conozco	sé	traduzco
das	conoces	sabes	traduces
da	conoce	sabe	traduce
damos	conocemos	sabemos	traducimos
dais	conocéis	sabéis	traducís
dan	conocen	saben	traducen

(a)   Verbs in **-cer** and **-cir** usually are irregular only in the first person singular (**conozco, traduzco**).

III.   Conocer AND **saber.   Conocer** (Lat. *cognosco*, Fr. *connaître*, Eng. *know, knowledge*) means *to be acquainted with a person or thing*.

> Conozco a su hermana de él muy bien.

Saber (Lat. *scio*, Fr. *savoir*, Eng. *science*) means *to know a fact*.

> Sé que su tía de ellas no vive aquí.

IV.   Unos (unas), *some, several, a pair of*.

> Hay unos mapas en nuestra sala de clase.
> Su madre va a comprarle a ella unos zapatos.

EXERCISES

A.   *Read aloud before translating.*   Tenemos unos mapas en nuestra sala de clase.   En cada pared hay un mapa.   Hay mapas de la América del Norte, de la América del Sur, de Europa y de los Estados Unidos.

Mientras miramos el mapa de la América del Norte, la maestra nos habla de los Estados Unidos y de México y nos describe las diferencias entre las gentes, las lenguas y las ciudades de estos (*these*) países.   Conoce a los Estados Unidos y a México muy bien porque viaja mucho en estos países.

Entonces miramos el mapa de Europa y ella nos muestra en él a Francia, a Inglaterra, a España, a Alemania y todos los otros países de Europa. Nos muestra donde se habla inglés, donde se habla alemán, donde se habla francés, donde se habla español. Explica un poco las diferencias entre estas lenguás. Siempre nos dice que cada país y cada lengua es interesante.

Mi padre me dice que ella habla español muy bien. Yo sé que habla inglés bien y que puede hablar francés y alemán un poco también. De vez en cuando la veo leer periódicos y libros que vienen de Francia o Alemania. Muchas veces trata de explicarme algo en francés o alemán pero no puedo comprenderla.

Después de mirar estos mapas y de escuchar lo que dice nuestra maestra, voy a casa y vuelvo a estudiar el español, porque quiero poder hablarlo y comprenderlo bien. Quiero ir a México y a la América del Sur.

Hay muchas cosas que aprender ¿verdad? Hay muchos países que visitar, muchas gentes que conocer, muchas lenguas que estudiar. No sabemos mucho. Nadie sabe mucho. Yo sé muy poco. Todo el mundo trata de saber algo.

B. *Written work.* 1. We must visit him every day. 2. Why don't they try to learn it? 3. She describes them to them (*masc.*) often. 4. Can you tell me what she is doing today? 5. They are living near us. 6. We can't travel in South America without money. 7. I must have clothes in order to travel with them. 8. Why does he want to study them with me? 9. I translate every lesson twice; he translates them three times. 10. We are beginning to understand her when she speaks Spanish. 11. She has to repeat every word. 12. I know them but they don't know me. 13. Everybody knows it. 14. When she describes them to us, we listen and look at the blackboard. 15. We are going to give her a fountain pen.

C. *Oral work.* 1. I give it. 2. I give it to him. 3. I give them to her. (*Be explicit.*) 4. He gives it to me. 5. He gives them to them (*fem.*). 6. I don't know her. 7. Do you know her, Charles? 8. We know it. 9. I want to explain it. 10. He can't explain it to me. 11. Without knowing us. 12. I have to study them (*fem.*). 13. Who gives them money? 14. We see him. 15. Where do people speak French?

D.   *10-minute quiz; 5% for each correct answer.*

1.	from time to time	11.	I know her.
2.	It is easy.	12.	Nobody knows.
3.	everybody	13.	he says
4.	for example	14.	I give.
5.	I have.	15.	They give nothing.
6.	the countries	16.	between us
7.	North America	17.	for me
8.	England	18.	with me
9.	Germany	19.	some maps
10.	Who knows?	20.	the United States

PRETERIT TENSE (Definite Past)

VOCABULARY

el amigo	friend	encontrar(ue)	meet; find
la amiga	friend	pagar	pay, pay for
el cigarro	cigar	barato	cheap
la comida	meal; dinner	caro	dear, expensive
la cuenta	bill	español(-a)	Spanish
el mozo	waiter	ayer	yesterday
la propina	tip	bastante	enough
el restaurante	restaurant	demasiado	too much
costar(ue)	cost	lentamente	slowly
charlar	talk, chat	por lo común	generally

Gracias. Thanks.
Muchas gracias. Many thanks.

De nada. Not at all.
No hay de qué. Don't mention it.

I. PRETERIT TENSE. The preterit tense is used to express an action completed in a definite past time. (*I ate lunch at six o'clock and then went to church.*)

The preterit endings are:

First Conjugation		Second and Third Conjugations	
—é	—amos	—í	—imos
—aste	—asteis	—iste	—isteis
—ó	—aron	—ió	—ieron

The second and third conjugations are closely related in all tenses; in the preterit tense they have exactly the same endings.

II. PRETERIT TENSE OF cerrar (1st conj.), pagar (1st conj.), volver (2nd conj.), AND escribir (3rd conj.).

cerré	pagué	volví	escribí
cerraste	pagaste	volviste	escribiste
cerró	pagó	volvió	escribió

cerramos	pagamos	volvimos	escribimos
cerrasteis	pagasteis	volvisteis	escribisteis
cerraron	pagaron	volvieron	escribieron

Why is the **u** necessary in **pagué?**

III. **Al** + Infinitive. The English phrase, *on* + present participle (*on hearing, on learning, etc.*), is expressed in Spanish by **al** + infinitive.

| al encontrarla | on meeting her |
| al entrar en la iglesia | on entering the church |

EXERCISES

A.　　　COMEMOS EN UN RESTAURANTE

Note. In this and the next two lessons the same title "Comemos en un restaurante" will be used for the Spanish exercise. Observe how limited we are in this article in expressing ideas and in describing events because of lack of vocabulary, and how helpful a few new words are in Lesson XIII. The treatment of this theme is much facilitated in Lesson XIV by the introduction of the imperfect (past) tense.

Por lo común nuestra familia come en casa porque no tenemos bastante dinero para pagar comidas y dar propinas en un restaurante. Mis padres dicen que cuesta demasiado.

Pero ayer—yo no sé por qué—comimos en un restaurante español, que no está lejos de donde vivimos.

Encontramos a unos amigos; papá charló con sus amigos y mamá charló con sus amigas; yo charlé con mi hermana.

Mis padres no comieron mucho, porque encontraron a sus amigos y hablaron con ellos. También comieron muy lentamente; siempre se come lentamente en los restaurantes españoles. Mi hermana y yo no charlamos mucho, pero comimos demasiado.

Cuando las comidas son caras, los padres, por lo común, comen poco; cuando todo está barato, comen mucho.

Después de comer, mi padre fumó un cigarro y charló un poco con el mozo. Al fin pagó la cuenta.

Al dar al mozo una propina, mi padre le dijo (*said*):—Se come muy bien aquí.—Muchas gracias—dijo el mozo.—No hay de qué—dijo mi padre.

Entonces volvimos a casa.

B. *Written work.* 1. I am going to pay for the meal. 2. Generally Spanish is spoken in a Spanish restaurant, isn't it? 3. Why did you talk with the waiter? 4. I know him very well. 5. I always give him a tip when I eat here. 6. He always says to the waiter, "The food is very good here." 7. I smoked a cigar and then returned home. 8. I want to meet (**conocer**) your friend. 9. Did your sister eat too much? 10. Occasionally we meet them in the city. 11. I listened and understood everything because he spoke slowly. 12. Can you tell me where there is a Spanish restaurant?

C. *Oral work.* 1. I paid it. 2. I ate too much. 3. Who ate too much? 4. He spoke slowly. 5. It costs too much. 6. It cost enough. 7. She paid (for) the meal. 8. I am going to pay it. 9. Where did you meet her? 10. I wrote to her. 11. They wrote it. 12. What did he write to you?

D. *10-minute quiz; 5% for each correct answer.*

1. Thank you very much.	11. It is very expensive.
2. Don't mention it.	12. It is very cheap.
3. I wrote it.	13. I have enough.
4. I ate it.	14. It costs too much.
5. I bought it.	15. It cost too much.
6. Who ate it?	16. I'm going home.
7. Who wrote it?	17. everybody
8. generally	18. twice
9. from time to time	19. I know her.
10. for example	20. I give it to them.

PRETERIT TENSE OF SOME IRREGULAR VERBS

VOCABULARY

el agua *f.*	water	**el queso**	cheese
el café	coffee; café	**la sopa**	soup
la carne	meat	**la taza**	cup
la fruta	fruit	**el vaso**	glass
la leche	milk	**beber**	drink
la legumbre	vegetable	**pedir(i-i)**	ask for
la lista	list; bill of fare	**servir(i-i)**	serve
la mantequilla	butter	**traer**	bring
el pan	bread	**luego**	later, soon, then

I. PRETERIT TENSE OF SOME IRREGULAR VERBS.

estar	*ser; ir*	*dar*	*decir*	*hacer*
estuve	fuí	di	dije	hice
estuviste	fuiste	diste	dijiste	hiciste
estuvo	fué	dió	dijo	hizo
estuvimos	fuimos	dimos	dijimos	hicimos
estuvisteis	fuisteis	disteis	dijisteis	hicisteis
estuvieron	fueron	dieron	dijeron	hicieron

leer	*poder*	*querer*	*saber*	*tener*
leí	pude	quise	supe	tuve
leíste	pudiste	quisiste	supiste	tuviste
leyó	pudo	quiso	supo	tuvo
leímos	pudimos	quisimos	supimos	tuvimos
leísteis	pudisteis	quisisteis	supisteis	tuvisteis
leyeron	pudieron	quisieron	supieron	tuvieron

traer	*venir*	*ver*
traje	vine	vi
trajiste	viniste	viste
trajo	vino	vió

trajimos	vinimos	vimos
trajisteis	vinisteis	visteis
trajeron	vinieron	vieron

II. PRESENT TENSE OF **pedir(i-i)**, **servir(i-i)**, AND **traer**.

pido	pedimos	sirvo	servimos	traigo	traemos
pides	pedís	sirves	servís	traes	traéis
pide	piden	sirve	sirven	trae	traen

III. **Pedir(i-i)**, **repetir(i-i)**, **servir(i-i)**, **dormir(ue-u)**. Certain verbs of the third conjugation, which are indicated by (**i-i**) or (**ue-u**), undergo radical change also in the preterit tense in the third person singular and third person plural.

pedí	repetí	serví	dormí
pediste	repetiste	serviste	dormiste
pidió	repitió	sirvió	durmió
pedimos	repetimos	servimos	dormimos
pedisteis	repetisteis	servisteis	dormisteis
pidieron	repitieron	sirvieron	durmieron

IV. **El** FOR **la**. Before feminine nouns beginning with accented **a** or **ha,** the definite article is **el** instead of **la**.

el agua (water), las aguas; el alma (soul), las almas
el harpa (harp), las harpas; la harina (flour), las harinas

EXERCISES

A. COMEMOS EN UN RESTAURANTE

Por lo común comemos en casa, porque el padre no tiene bastante dinero para pagar comidas y dar propinas en un restaurante, pero ayer tuvo dinero y mi madre quiso comer en un restaurante o en un café.

Fuimos a un restaurante español, que no está lejos de nuestra casa. Al entrar mi padre dijo algo al mozo que no pude entender, y el mozo nos dió una mesa cerca de una ventana. Entonces nos trajo una lista que mis padres estudiaron mucho.

Luego vino el mozo otra vez a nuestra mesa y dijo:—Tenemos hoy una muy buena comida.   Mi padre le dijo:—Es lo que queremos hoy.   El mozo dijo:—¿Los señores quieren algo que beber? Mi padre pidió una taza de café, mi madre un vaso de leche; yo pedí un vaso de agua.

El mozo nos sirvió muy bien; nos trajo primero sopa; después de la sopa tuvimos carne, legumbres, pan y mantequilla; luego queso, y al fin fruta.

Comimos muy lentamente.   Mis padres vieron a unos amigos y hablaron con ellos.   Mi padre fumó un cigarro.

Entonces pidió mi padre la cuenta.   Al pagarla dió al mozo una buena propina y dijo:—Carlos, fué una muy buena comida.— Muchas gracias—dijo Carlos.—De nada—dijo mi padre, y fuimos todos a casa.

B. *Written work.* 1. The waiter gave us a table near a window. 2. I asked him for bread, butter, and a cup of coffee. 3. First he brought me a glass of water. 4. I told him again what I wanted. 5. I don't know why Charles didn't serve us. 6. The water that he brought me, I couldn't drink. 7. He repeated each sentence twice. 8. What are you going to do now? 9. I am going to smoke a cigar and read the newspaper. 10. He read it and then he went home. 11. From time to time he gives her money. 12. On arriving home, he asked for a glass of milk and bread and cheese. 13. I ate all the vegetables that the waiter brought me. 14. I had to tell them the truth. 15. Did they have to pay the bill yesterday? 16. She wanted to tell me something, but she couldn't. 17. He gave it to them yesterday. 18. He met her in a restaurant. 19. We were not at home yesterday. 20. They had to buy a dictionary for her.

C. *Oral work.* 1. I know it. 2. I knew it. 3. Who makes them? 4. Who made them? 5. They made them. 6. They were at home. 7. He gave it. 8. He gave it to me. 9. He gave it to her. 10. We see it. 11. We saw it. 12. He can learn it. 13. He couldn't learn it. 14. She came home. 15. She went home. 16. I wanted to learn it. 17. He wanted to buy it. 18. He slept well. 19. He read the lesson. 20. I asked for money.

D.   *10-minute quiz; 5% for each correct answer.*

1. the United States
2. a country
3. I knew it.
4. I knew her.
5. He read it.
6. They had it.
7. They made it.
8. a cup of coffee
9. a glass of water
10. He brought it.
11. bread and butter
12. on seeing them
13. I saw her.
14. a list of words
15. I could not.
16. They could not.
17. We were at home.
18. We went home.
19. a lawyer
20. I repeat it.

PAST TENSE (Continuity, Description)

VOCABULARY

la **botella** bottle
la **conversación** conversation
la **música** music
la **parte** part
la **patata** potato
la **señora** lady; Mrs.
el **vino** wine
la **vista** scene, view
contestar answer
gustar please
preguntar ask (*question*)
alemán(-a) German

francés(-a) French
inglés(-a) English
cortés polite
malo bad; sick (**estar**)
mayor larger
ocupado busy
primero first
tal such, such a
ya already
¡Adiós! Good-bye!
hasta up to, as far as, until

¡Buenos días! Good morning! Good day!
¿Cómo está Vd.? How are you?
¿Qué tal? How are you? How goes it?
¡Hasta luego! See you soon!
¡Hasta la vista! Good-bye!
la **mayor parte de** most of
por todas partes everywhere
muchísimo very much

I. PAST TENSE. The past (or imperfect) tense is the most regular, and easiest to form of all tenses. The endings are:

First Conjugation		Second and Third Conjugations	
—aba	—ábamos	—ía	—íamos
—abas	—abais	—ías	—íais
—aba	—aban	—ía	—ían

I	II	III
entraba	comía	escribía
entrabas	comías	escribías
entraba	comía	escribía
entrábamos	comíamos	escribíamos
entrabais	comíais	escribíais
entraban	comían	escribían

Exceptions.   Only three verbs are irregular in the past tense.

  ir: iba, ibas, iba, íbamos, íbais, iban
 ser: era, eras, era, éramos, erais, eran
 ver: veía, veías, veía, veíamos, veíais, veían

II.   USES OF THE PAST TENSE.   The two main uses of the past tense are:

(a)   To express an action or state going on or continuing in past time.   For this reason, it is sometimes called the descriptive past tense.

Todo el mundo trabajaba.	Everybody was working.
Volvían a casa.	They were returning home.
Vivían en un pueblo.	They were living in a village.

(b)   To express a repeated or customary action or state in past time.

| Siempre comían en casa. | They always ate at home. |
| Explicaba todo. | He used to explain everything. |

Notice that the past tense is often used in conjunction with the preterit tense, the past tense describing what was going on, the preterit tense telling what happened.

  Hablaban español cuando entré.
  Íbamos a la escuela cuando encontramos a Juan.

III.   MORE ABOUT ADJECTIVES.

(a)   Adjectives of nationality (**alemán, español, francés, inglés,** etc.) ending in a consonant add **-a** to form the feminine.

  una comida francesa; la lengua española; las escuelas inglesas

(b) **Bueno, malo, uno, primero** drop the final **-o** before a masculine noun.

un buen libro	una buena tinta
un mal zapato	una mala ciudad
un diccionario	una tinta roja
el primer periódico	la primera vista

(c) Position of Adjectives. Articles, numerals, demonstrative adjectives, and indefinite adjectives—that is, words that limit rather than describe—usually precede the noun.

tres días; unos hombres; este *(this)* restaurante; algunas dificultades; poco queso

Descriptive adjectives used to distinguish a noun from other nouns of the same class are placed after the noun. Usually, therefore, adjectives denoting size, color, time, nationality, and degree follow the nouns they qualify. **Bueno** and **malo** usually precede the noun.

un papel azul	una clase pequeña *(small)*
unas alumnas francesas	una buena tienda
el pueblo principal	mozos corteses
un buen diccionario	un mal mozo

IV. **Gustar.** **Gustar** *(please, be pleasing to)* is the word usually used to express the idea of *liking*.

No me gusta el sombrero de ella.	I don't like her hat.
¿Cómo le gusta a Vd. mi sombrero?	How do you like my hat?
No me gusta fumar antes de comer.	I don't like to smoke before eating.

EXERCISES

A.   COMEMOS EN UN RESTAURANTE

Ayer, porque mamá estaba un poco cansada y mala, papá nos preguntó:—¿Queréis comer hoy en el restaurante español?—Sí—contestó mamá—siempre me gusta comer en un restaurante porque no tengo que preparar la comida en casa.

Mientras íbamos al restaurante, encontramos a unos amigos, por ejemplo, a nuestro médico y a su familia, a nuestro abogado, y a mucha otra gente que conocemos bastante bien. Mamá decía siempre al encontrarlos:—¡Buenos días!—Ella es muy cortés. Papá decía:—¿Qué tal, señores?

Pablo, un mozo que conocemos muy bien, nos encontró a la puerta del restaurante y dijo:—¡Buenos días, señores! Mis padres contestaron:—¿Qué tal, Pablo? ¿Está Vd. muy ocupado? ¿Puede Vd. servirnos? ¿Puede Vd. darnos una buena mesa cerca de una ventana? Pablo, que es un mozo muy cortés, contestó:—Sí, señores, aunque ya están ocupadas la mayor parte de las buenas mesas. Aquí tienen Vds. una mesa lejos de la música y cerca de una ventana. Es lo que Vd. quiere, señora ¿verdad?—¡Bueno! Muchas gracias, Pablo—dijo mamá.

Mientras papá pedía una buena comida española de sopa, tres clases de carne, patatas, legumbres, queso y fruta, mamá estudiaba la lista de vinos y otro mozo nos traía agua, pan y mantequilla. Al fin dijo ella a Pablo:—Para mí, Pablo, un vaso de buen vino blanco, y para Juanito, un vaso de leche. ¿Qué quieres tú, papá? Mi padre, aunque estaba muy ocupado, contestó lentamente:— Prefiero por lo común un vino rojo, pero hoy quiero una botella de vino blanco; un buen vino, Pablo, pero no demasiado caro. ¿Comprende?

Mientras se preparaba la comida, papá fumaba y leía un periódico y mamá y yo charlábamos y mirábamos por todas partes a la gente. Una vez mamá habló español un poco con una señora española. Escuché bien pero no pude comprender todo lo que decían, porque todo el mundo charlaba, reía y estaba alegre. Había conversaciones interesantes por todas partes.

Pablo nos trajo entonces sopa, tres clases de carne, patatas, legumbres, un vaso de vino blanco, un vaso de leche, una botella de vino blanco, queso y frutas, y después de todas estas (these) cosas, una taza de café para cada uno. Una muy buena comida ¿verdad? La mesa nos gustó. La comida nos gustó. La botella de vino blanco y un cigarro gustaron mucho a papá. A mí me gustaron las conversaciones que entendí. Tengo que decir que todo me gustó.

Al pagar la cuenta, papá dió a Pablo una buena propina y le dijo:—La comida nos gustó muchísimo; hasta la vista, Pablo.

Pablo contestó:—Muchas gracias, señor; adiós, señores.—Al fin dije yo:—Hasta luego, Pablo.

B. *Translate into Spanish.* 1. I asked for bread and cheese and a cup of coffee. 2. We ate in his restaurant frequently. 3. We had a conversation with a French lady. 4. She likes our country. 5. Do you like the meats that they serve here? 6. Why do you like a table near a window, Mrs. Wilson? 7. Most of my pupils were not here today. 8. Everywhere one heard conversations in French. 9. He was speaking German when we entered the classroom. 10. Did he have to give the waiter such tips after every meal? 11. "Until we meet again," he said to us. 12. He was bringing me a glass of water when he fell. 13. I was very sick and couldn't eat anything. 14. Who is going to read such books? 15. Who can tell me?

C. *10-minute quiz; 5% for each correct answer.*

1.	Estaba ocupada.	11.	everywhere
2.	¿Qué tal?	12.	Already they are here.
3.	una señora francesa	13.	Good morning!
4.	¿Qué dijeron?	14.	Good-bye!
5.	un buen maestro	15.	He used to give.
6.	¿Cómo está V. hoy?	16.	I made
7.	Traté de comprenderla.	17.	we used to make
8.	lejos de aquí	18.	I was making
9.	toda la comida	19.	He read.
10.	Es muy barato.	20.	He was reading.

TENER AND ITS IDIOMS

VOCABULARY

el calor heat, warmth	**la persona** person
el frío cold	**el gabán** overcoat
el hambre *f.* hunger	**el guante** glove
la sed thirst	**el invierno** winter
la gana desire, inclination	**el verano** summer
la prisa haste; **de—,** fast	**el tiempo** time, weather
la razón reason	**llevar** carry, wear
el sol sun	**llover(ue)** rain
el sueño sleep	**nevar(ie)** snow
el hombre man; husband	**casi** almost
la mujer woman; wife	**el fresco** cool; (*adj.*) cool

I. **Tener:** Idioms of Bodily or Mental State. In several cases where English uses the verb *be* + an adjective to describe a personal condition, Spanish uses the verb **tener** + a noun to express the same idea.

(a) tener calor = to be warm
      Tengo calor. I am warm.

(b) tener frío = be cold
      Tuvo mucho frío. He was very cold.

(c) tener hambre = be hungry
      ¿Tienen Vds. mucha hambre? Are you very hungry?

(d) tener sed = be thirsty
      ¿Tienes sed, Anita? Are you thirsty, Anita?

(e) tener ganas de = desire to, want to
      Tengo ganas de conocerla. I want to meet her.

(f) tener prisa = be in a hurry
      Siempre tienes prisa. You are always in a hurry.

(g) tener sueño = be sleepy
Tengo mucho sueño. I am very sleepy.

(h) tener razón = be right; no tener razón = be wrong
Vd. no tiene razón; ella tiene razón. You are wrong;
she is right.

II. **Hacer:** IDIOMS OF WEATHER. In cases where English
uses *be* + an adjective to describe the weather, Spanish uses **hacer**
+ a noun to express the same idea.

(a) hacer calor = be warm, hot
Hace calor hoy. It is hot today.

(b) hacer fresco = be cool
Hizo fresco ayer. It was cool yesterday.

(c) hacer frío = be cold
Hace mucho frío hoy. It is very cold today.

(d) hacer sol = be sunshine (the sun is shining)
No hacía sol nunca. The sun never shone.

(e) hacer buen (mal) tiempo = be good (bad) weather
Hace muy buen tiempo. The weather is very fine.
Va a hacer mal tiempo. The weather is going to be bad.

EXERCISES

A. EL VERANO Y EL INVIERNO

El verano me gusta mucho. En nuestra ciudad hace sol y hace
buen tiempo todos los días. De vez en cuando llueve un poco y
entonces hace fresco. No es necesario estudiar las lecciones.
Podemos jugar casi todo el día. Cuando estamos cansados,
podemos descansar. Si tenemos sueño, podemos dormir.

Hay muchas frutas, legumbres y flores en el verano. En el
verano no tenemos mucha hambre; tenemos sed. No tenemos
prisa nunca; no tenemos ganas de trabajar. No queremos hacer
nada de prisa. Tengo razón ¿no es verdad?

En el verano no se lleva mucha ropa. Algunas mujeres no
llevan casi nada. Algunos hombres no llevan sombrero. Conozco
a personas que no llevan zapatos. No tenemos que llevar gabán
y guantes, porque tenemos calor sin ellos.

Muchas familias tienen ganas de viajar en el verano. Mis
padres tienen siempre ganas de visitar a todos nuestros parientes
en otras partes del país, lo que me gusta mucho.

Hay mucha diferencia entre el verano y el invierno en nuestro país. Por ejemplo, hace mucho calor en el verano y mucho frío en el invierno. En el verano llueve de vez en cuando, pero nieva cada dos o tres días en el invierno. En el verano son los días largos, en el invierno cortos. Porque hace frío en el invierno, no tenemos ganas de dormir mucho y es fácil trabajar y estudiar. En el invierno todo el mundo tiene que llevar gabán, guantes, sombrero y zapatos. Vd. tiene razón; es necesario llevar gabán en el invierno.

¿Qué tiempo hizo ayer? ¿Qué tiempo hace ahora? ¿Prefiere Vd. el invierno al verano? ¿Por qué no le gusta a Vd. el invierno?

Ayer no hizo sol. Hizo mal tiempo todo el día, porque llovió mucho. Hizo fresco. No me gusta tal tiempo en el verano.

¿Qué tiempo va a hacer hoy aquí? ¿Quién sabe? Yo no sé. Nadie sabe qué tiempo va a hacer.

B. *Translate into Spanish.* 1. I am hungry and thirsty. 2. Why are you always thirsty? 3. We want to travel in France and Spain. 4. We were tired and very sleepy. 5. It was raining when we arrived home (**a casa**). 6. I saw some persons who wore overcoats and gloves. 7. It was very cold although the sun was shining. 8. It is going to be very warm today. 9. I can't explain it to you today, Anita; I am in a great hurry. 10. Why do you wear an overcoat today, Mrs. Wilson? I am too warm. 11. Is it going to rain or snow today? 12. No one knew what he was saying. 13. It was cool almost all summer. 14. Everybody had to work fast. 15. Some persons tried to answer her. 16. I was right and your mother was wrong. 17. The church is right. 18. You must wear it home.

C. *10-minute quiz; 5% for each correct answer.*

1. Tenemos sueño.
2. Hacía sol.
3. Va a llover.
4. Siempre hace fresco.
5. por todas partes
6. la mayor parte de la clase
7. ¿Tiene V. prisa?
8. Vds. leen demasiado de prisa.
9. una mujer cortés
10. ¡Hasta la vista!
11. I am in a hurry.
12. I am cold.
13. I was cold.
14. The sun is shining.
15. a list of words
16. a good cheese
17. a glass of water
18. a cup of coffee
19. a bottle of milk
20. I prefer a blue suit.

RELATIVE PRONOUNS

VOCABULARY

el anuncio	advertisement	**vender**	sell
la camisa	shirt	**amarillo**	yellow
el centro	center	**verde**	green
la compra	purchase	**grande**	large, tall; great
la librería	bookstore	**pequeño**	small
el librero	bookseller	**hermoso**	beautiful
la riqueza	wealth	**aunque**	although
la sombrerería	hat store	**el (la) cual**	who, which
la zapatería	shoe store	**quien**	who
buscar	look for, seek	**cuyo**	whose

ir a la ciudad go to town
ir al centro go down town
ir de compras go shopping
querer decir mean, signify

I. RELATIVE PRONOUNS. The relative pronoun must always be expressed in Spanish.

El libro que compré ayer es muy interesante.
The book I bought yesterday is very interesting.

The relative pronouns are:

A. **Que.** **Que** is the simplest and most used of all the Spanish relative pronouns. It may be either the subject or the object of the verb, and may refer either to persons or to things; however, it cannot be used after a preposition when referring to people.

El hombre que compró nuestra casa es rico.
No me gustó la fruta que me vendieron.

B. **Cuyo, cuya, cuyos, cuyas** = *whose*, is both relative pronoun

72

and adjective; it must agree in gender and number with the thing possessed.

> La señora, cuyos sombreros nos gustaron, es muy hermosa.
> El hombre, cuyo libro estudiamos, vive en México.

C. **Quien (quienes)** can refer only to persons. When a direct object, it requires the preposition **a** (**a quien**).

> El librero, a quien vi ayer, va a mostrarme unos libros.
> Las personas, quienes no dijeron nada, hablan español también.

D. **El cual** (la cual, los cuales, las cuales)
   El que (la que, los que, las que).

These relative pronouns, in which the article indicates the gender and the number of the antecedent, are frequently used in order to prevent ambiguity. They may refer to persons or things.

> La tía de Juan, la que (la cual) va a visitarnos, es muy hermosa.
> El mozo, al que di la propina, nos sirvió bien.
> El mozo, del cual V. habla, no trabaja aquí.

E. **Lo que,** an indefinite neuter, refers neither to a person nor to a thing, but rather to an idea.

> Lo que dijo, era muy interesante.

II. **Grande, pequeño, hermoso.** **Grande** usually becomes **gran** before a noun in the singular. Before the noun, **grande** (**gran**) means *great, eminent;* after the noun, *large, tall.*

una iglesia grande	a large church
un gran hombre	a great man
un hombre grande	a tall man

Hermoso and **pequeño,** like **bueno** and **malo, largo** and **corto,** may stand before or after the noun.

una buena escuela	una escuela buena
una hermosa mujer	una mujer hermosa

III. **Hay que** + Infinitive (*one must; people have to*). **Tener que** is used to express an obligation involving a definite person, or

persons.   **Hay que** is used to express a general, impersonal obligation involving everybody.

Hay is the irregular third person singular of the present tense
of **haber.**

Present	*Preterit*	*Past*
Hay que	Hubo que	Había que

Hay que estudiar cada lección.	One must study every lesson.
Hubo que pagarlo.	People had to pay it.
Siempre había que llevar guantes.	One always had to wear gloves.

IV.   KINDS OF STORES.

el pan	= bread	la panadería	= bakery
el libro	= book	la librería	= bookstore
el sombrero	= hat	la sombrerería	= hat shop
el zapato	= shoe	la zapatería	= shoe store
el guante	= glove	la guantería	= glove shop
el barbero	= barber	la barbería	= barber shop
el sastre	= tailor	la sastrería	= tailor shop
la camisa	= shirt	la camisería	= shirt store
la leche	= milk	la lechería	= milk (cheese) store

EXERCISES

A.   MIS PADRES VAN A IR DE COMPRAS

Yo sé siempre cuando mis padres tienen ganas de ir de compras,
porque empiezan a leer todos los anuncios en los periódicos.   No
tienen que ir a la ciudad, porque vivimos ya en la ciudad.   No
hay buenas tiendas en nuestra calle, la cual se encuentra bastante
lejos del centro de la ciudad.   Mis padres van al centro para hacer
la mayor parte de sus compras.

Hay una pequeña frutería, una lechería y una panadería cerca
de nuestra casa, donde se venden frutas, leche, mantequilla, queso
y pan.   Para comprar vestidos, trajes, zapatos y sombreros hay
que ir al centro.

Aunque nuestra ciudad no es grande, es muy hermosa y tiene
mucha riqueza.   Hay mucha gente rica y también mucha gente
pobre aquí.   Tenemos tiendas grandes y hermosas en las cuales
se venden cosas de toda clase.   No hay que ir a otras ciudades a

buscar buenos vestidos y trajes, hermosos guantes, gabanes y zapatos. Aquí en nuestra ciudad se encuentran buenas sombrerías, guanterías, camiserías, zapaterías y librerías.

Mi madre tiene ganas de ir al centro para comprar un vestido amarillo y un sombrero verde; le gustan mucho los colores amarillo y verde. Mi padre va a buscar unas camisas azules. Casi siempre lleva camisas azules; de vez en cuando lleva una camisa blanca, pero prefiere las azules.

Mi padre va a buscar libros españoles, los que puede leer muy bien y de prisa. El librero, a quien conoce bien, le escribió que tiene ahora muchos libros de Baroja, Trueba, Pardo Bazán y Valle-Inclán—autores (*authors*) cuyos libros mi padre lee con mucho gusto (*pleasure*).

El hombre que vende libros en una librería es un librero. El que hace el pan en una panadería, o que vende el pan, es un panadero. (La palabra «panadero» no se encuentra en el vocabulario de hoy.) El que tiene una zapatería es un zapatero. (¿Qué quiere decir la palabra «zapatero»?)

Al volver a casa después de ir de compras, mis padres van a tener mucho que decir.

B. *Translate into Spanish.* 1. They had a beautiful bookstore. 2. He is the little man whom we met in the country. 3. One doesn't have to go to San Francisco to buy beautiful things. 4. What does he mean when he says people have to go to San Francisco in order to buy beautiful hats? 5. In every small city there is always much wealth. 6. The men, whose stores we visited yesterday, are rich. 7. What are you looking for here? 8. I am looking for a blue shirt. 9. Your father couldn't buy it yesterday. 10. It was very cold too. 11. Are you going shopping again with her? 12. What does the word "camisería" mean? 13. I looked for his Spanish books yesterday. 14. I asked her, "How are you today?" 15. Milk and cheese and butter are sold in a store near our house. 16. Most of the things they bought yesterday were cheap. 17. I asked for bread and cheese. 18. Till I see you again!

C. *Suggestions for a 10-minute (20 items) quiz or conversation.*

(a) tener: prisa, frío, calor, sueño, razón, sed, hambre, ganas

(b) hacer: frío, fresco, sol, calor, mal (buen) tiempo
(c) ropa: gabán, guante, camisa, zapato, sombrero,
                   traje, vestido
(d) comer: fruta, legumbre, pan, queso, carne, mante-
                   quilla, sopa, restaurante, propina, lista
(e) beber: leche, agua, café, vino, taza, vaso, botella
(f) gente: persona, tío, padre, madre, hombre, mujer,
                   mozo, pariente, abogado, médico, maestro,
                   alumno, hermano, amigo
(g) tiempo: llover, nevar, verano, invierno, frío, fresco,
                   calor, sol
(h) se estudia: palabra, regla, vocabulario, pronunciación,
                   gramática, cada lección

PRESENT SUBJUNCTIVE

VOCABULARY

lástima *f.* pity
nota *f.* grade (*school*)
creer believe, think
desear desire, wish
dudar doubt
esperar hope; expect; wait for
mandar command, order; send
pensar(ie) think; intend
sacar take out, get
sentir(ie -i) feel; be sorry; regret
temer fear

importante important
imposible impossible
preciso necessary
probable probable
a menos que unless
de modo que so that
antes (de) que before
después (de) que after
hasta que until
para que in order that
más more
menos less

Creo que sí. (**Creo que no.**) I think so. (I don't think so.)
Es lástima. It's too bad. It's a shame.
¡Qué lástima! What a pity! What a shame!
Lo siento mucho. (**Siento mucho.**) I am very sorry.

I. Subjunctive Mood. The subjunctive mood is used far more frequently in Spanish than in English. Whenever any doubt or uncertainty exists in the mind of the speaker or writer as to the absolute truth or future fulfillment of his statement, the Spaniard must use the subjunctive mood. Before the following explanations are studied, let the teacher discuss with the class the element of doubt or uncertainty expressed in these sentences:

> It is necessary that he arrive today.
> I shall wait here until they come.
> It is probable that he doesn't know about it.
> We fear that he will lose it.
> My mother believes that he has it.
> We shall return it before they ask for it.

77

II. PRESENT SUBJUNCTIVE ENDINGS.

First Conjugation:	e,	es,	e	emos,	éis, en
Second and Third Conjugations:	a,	as,	a	amos,	áis, an

hablar	*comer*	*escribir*
hable	coma	escriba
hables	comas	escribas
hable	coma	escriba
hablemos	comamos	escribamos
habléis	comáis	escribáis
hablen	coman	escriban

Radical-changing verbs of the first and second conjugations undergo the same stem changes in the present subjunctive as in the present indicative.

Radical-changing verbs of the third conjugation present some irregularities in the present subjunctive. Whenever in doubt, consult the irregular verb section in the back of the book.

cerrar	*perder*	*dormir*	*sentir*	*pedir*
cierre	pierda	duerma	sienta	pida
cierres	pierdas	duermas	sientas	pidas
cierre	pierda	duerma	sienta	pida
cerremos	perdamos	durmamos	sintamos	pidamos
cerréis	perdáis	durmáis	sintáis	pidáis
cierren	pierdan	duerman	sientan	pidan

III. SUBJUNCTIVE USAGE. A study of the following rules on the use of the subjunctive will show that they all have as their basis the idea of doubt, or uncertainty as to fulfillment. Use the subjunctive:

(a) In dependent clauses following these impersonal phrases:

Es importante que	Es necesario que . . . .
Es posible que	Es preciso que . . . .
Es imposible que	Es probable que . . . .

Es posible que no lo comprendan.
Es preciso que lo estudien.

(b) In temporal (time) clauses that refer to future time, introduced by:

cuando   antes (de) que   mientras (que)
hasta que   después (de) que

Voy a estudiarlo hasta que lleguen.

Tenemos mucho que hacer antes de que lo compremos.

(c) In clauses introduced by conjunctions denoting purpose, result, or concession:

para que   aunque (*also with indicative*)
de modo que   a menos que

Trabajamos para que vivamos.

Vamos a trabajar de modo que saquemos buenas notas.

No van a sacar buenas notas, a menos que estudien más.

(d) In clauses introduced by **creer** and **pensar** used negatively.

No creo que ella le comprenda.

(e) In relative clauses introduced by an indefinite antecedent.

Buscamos un hombre que hable español.

(f) In clauses introduced by verbs of commanding, requesting, doubting, fearing, hoping, wishing, etc., where the chance of fulfillment is always in doubt.

He commands (**Manda**) that . . . .
He requests (**Pide**) that . . . .
He doubts (**Duda**) that . . . .
He fears (**Teme**) that . . . .
He hopes (**Espera**) that . . . .
He wishes (**Desea: quiere**) that . . . , etc.

(g) In clauses introduced by verbs expressing emotion.

I am sorry (**Siento mucho**) that . . . .
I am glad (**Me alegro**) that . . . .
It is too bad (**Es lástima**) that . . . , etc.

(h) He wants to buy it.   Quiere comprarlo.
     He wants me to buy it.   Desea que yo lo compre.

In the first sentence, where only one person is concerned, the complementary infinitive is used; in the second, where two persons are concerned, a dependent subjunctive clause must be used.

IV. ORTHOGRAPHIC CHANGES. The orthographic changes in the present subjunctive of verbs ending in -car and -gar are necessary in order to preserve the original sound of **c** and **g** in the infinitive.

sacar

Pres. Indic.	saco	sacas	saca	sacamos	sacáis	sacan
Pres. Subj.	saque	saques	saque	saquemos	saquéis	saquen

jugar

Pres. Indic.	juego	juegas	juega	jugamos	jugáis	juegan
Pres. Subj.	juegue	juegues	juegue	juguemos	juguéis	jueguen

V. Pensar.

(a) **pensar en** = *think of*

Pienso en ti siempre.

(b) **pensar** + infin. = *intend*

Pensé leer todos los libros.

EXERCISES

A.   HAY QUE SACAR BUENAS NOTAS
(Conversación entre Juan y Roberto)

—¡Buenos días, Juan!   ¿Qué tal?

— No me va muy bien.   Aunque quiero aprender el español bien, y lo estudio mucho, mis padres no lo creen.   La mayor parte de la clase saca buenas notas, pero yo no puedo.

—¡Qué lástima!   Mis padres también dudan que yo trabaje bastante.   Dicen que es importante y preciso que estudie más y juegue menos.

— Temo, Roberto, que nuestros padres no comprendan que es imposible que todo el mundo saque buenas notas.   Lo siento mucho, pero esperan demasiado.

— Vd. tiene razón, Juan.   Es lástima que no podamos explicárselo a ellos de modo que no esperen demasiado de nosotros.   ¿Por qué es necesario aprender toda la gramática española?   El español no me es útil, a menos que piense viajar en España, o en la América del Sur, o en México.

— Vd. no tiene razón, Roberto.

—¿Por qué no?   Yo creo que sí.

— No, mi amigo, sus padres, no Vd., tienen razón.   Saben que

jugamos mucho.   Saben bien lo que es importante y necesario.   Tienen razón, cuando mandan que trabajemos más, y
cuando desean que saquemos buenas notas ¿no es verdad?
— Es posible.   Todo es posible.   Voy a comprar dos diccionarios españoles y voy a estudiarlos hasta que aprenda cada
palabra en ellos.   Pienso aprender todas las reglas de
gramática y de pronunciación, y todo el vocabulario también.   Muchas gracias, Juan.
— No hay de qué, Roberto.   ¡Adiós!
—¡ Hasta la vista, Juan!

B.   *Translate into Spanish.*   1.   He wants us to learn them.
2.   He couldn't explain the rule to the class.   3.   Why does your
father order you to sell them?   4.   I am going to read until your
friends arrive.   5.   It is cold today.   6.   It was warm yesterday
and it rained.   7.   It is going to be warm tomorrow too.   8.   I
am in a hurry and must go down town.   9.   Are you going
shopping today?   10.   I intend to buy a hat and a pair of (**unos**)
shoes.   11.   It is possible that he doesn't sell shoes.   12.   He
doesn't think that we learn our lessons well.   13.   It is necessary
(**Hay que**) to study them every day.   14.   What a pity that it is
raining again!   15.   I don't believe it.   16.   There are some men
in Spain who do not speak Spanish.   17.   I don't like his music.
18.   I am sorry that you don't like his music.   19.   You can't
understand music unless you study it.   20.   We intend to drink
more coffee and eat less bread.   21.   Till I see you again!   22.
He requests that we wait for him.

C.   *10-minute quiz; 5% for each correct answer.*

1.	I am in a hurry.	11.	¿Qué quiere decir la frase?
2.	The sun is shining.	12.	No sé.
3.	We are sleepy.	13.	la riqueza de Inglaterra
4.	Are you thirsty?	14.	Va a nevar.
5.	People have to work.	15.	Lo siento mucho.
6.	I am going shopping.	16.	más o menos
7.	a shoe store	17.	un gran zapato
8.	Is it possible?	18.	¿Qué buscaba Vd.?
9.	It was cold.	19.	Era muy barato.
10.	It was raining.	20.	¡ Hasta luego!

SOME IRREGULAR PRESENT SUBJUNCTIVES

VOCABULARY

ejercicio *m.* exercise

falta *f.* mistake

hijo *m.* son

hija *f.* daughter

trabajo *m.* work

traducción *f.* translation

acabar end, finish

asistir (a) be present, attend

interesar interest

valer be worth

cuidadoso careful

extranjero foreign

inteligente intelligent

correctamente correctly

sin embargo nevertheless

lo demás the rest; los (las) demás the rest (*others*)

al menos at least

los hijos the children

I. PRESENT SUBJUNCTIVE OF SOME IRREGULAR VERBS.

estar	*ser*	*dar*	*decir*	*hacer*	*ir*
esté	sea	dé	diga	haga	vaya
estés	seas	des	digas	hagas	vayas
esté	sea	dé	diga	haga	vaya
estemos	seamos	demos	digamos	hagamos	vayamos
estéis	seáis	deis	digáis	hagáis	vayáis
estén	sean	den	digan	hagan	vayan

saber	*venir*	*tener*	*traer*	*valer*
sepa	venga	tenga	traiga	valga
sepas	vengas	tengas	traigas	valgas
sepa	venga	tenga	traiga	valga
sepamos	vengamos	tengamos	traigamos	valgamos
sepáis	vengáis	tengáis	traigáis	valgáis
sepan	vengan	tengan	traigan	valgan

Notice that many irregular verbs have the same stem throughout the present subjunctive as in the first person singular of the present indicative.

digo (diga)	vengo (venga)	traigo (traiga)
hago (haga)	tengo (tenga)	valgo (valga)
conozco (conozca)	pido (pida)	traduzco (traduzca)

II. SUBJUNCTIVE USED INDEPENDENTLY. The subjunctive is often used independently (sometimes introduced by **que**) to express a wish.

¡Viva España!	Long live Spain!
¡Que no lo pierdan!	May they not lose it!

III. **Acabar de** + INFINITIVE.

(a) **acabar** means *to end, finish*.

Acabamos el trabajo muy temprano.

(b) **acabar de** + infinitive expresses immediate past, for which English uses the words "have just."

Acabo de pagarlo.	I have just paid it.
Acababa de pagarlo.	I had just paid it.

EXERCISES

A. OTRA CONVERSACIÓN ENTRE JUAN Y ROBERTO

—¿Qué tal, Juan?

— Muy mal, Roberto. ¿Qué hace Vd. hoy?

— Acabo de preparar mis lecciones de francés y de español, las cuales empiezan a gustarme mucho.

— A mí no, Roberto. Es lástima que sea hijo de un maestro; la mayor parte de los maestros desean que sus hijos aprendan al menos una lengua extranjera, o, si es posible, dos o tres. Mi padre, por ejemplo, puede hablar español, francés y alemán. Siento mucho, pero yo no puedo hacer una traducción del inglés al español sin hacer muchas faltas. No creo que las lenguas extranjeras valgan mucho.

— Vd. no tiene razón, Juan, porque valen mucho. Me interesan mucho, porque son difíciles, y también porque pienso viajar un día en España y en la América del Sur.

— Son buenas para Vd., Roberto, pero no para mí. No me interesan. No me gustan. Los demás de mi clase pueden aprenderlas; yo no.

—¿Por qué no, Juan? ¿Asiste Vd. a todas sus clases?

— Sí, Roberto. Aunque asista a todas mis clases, aunque sea muy cuidadoso y bastante inteligente, aunque no sea perezoso nunca, aunque el trabajo no sea demasiado difícil, no puedo, sin embargo, hacer una buena traducción; no puedo escribir un ejercicio de gramática sin hacer muchas faltas.

— Es posible, Juan, que Vd. no sepa estudiar correctamente. Es preciso que su padre le dé algunas lecciones en casa y que le explique cómo estudiar. No hay que estudiar todo el tiempo, si se estudia correctamente.

— Espero que Vd. tenga razón, Roberto. Ahora es preciso que vaya al centro; tengo que encontrar a un amigo. ¡Hasta la vista, Roberto!

—¡Hasta luego, Juan!

B. *Translate into Spanish.* 1. Good morning, Mrs. López! How are you today? 2. Do you want me to tell you something? 3. Do you want me to bring you the books tomorrow? 4. We hope that they come home with her. 5. May he tell the truth! 6. We intend to do the work for them. 7. He must (**Es preciso que**) be here today. 8. What do you want me to do first? 9. Who knows where they are? I don't know. 10. He wanted to buy it yesterday, but he couldn't. 11. I asked for butter, but he gave me meat. 12. You must (**tener que**) sleep more. 13. We must (**Es preciso que**) sleep less. 14. Unless he knows it well, he can't explain it. 15. He didn't know us. 16. He didn't know where they were. 17. They had at least three children. 18. What did the girl's uncle say? 19. He does all the exercises so that he always gets good grades. 20. What do you want me to say to them? 21. Are you going to go to town again? 22. It is important that I be in the city early.

C. *10-minute quiz; 5% for each correct answer.*

1. in order that he bring
2. in order that he go
3. in order that he come
4. in order that they have
5. until he knows
6. until he brings it
7. until they give
8. What a shame!

9. We are hungry.
10. We are in a hurry.
11. ¿Hace frío hoy?
12. Hacía sol.
13. No quise estudiar.
14. ¿Quién sabe?

15. ¿Quién supo?
16. No tengo nada.
17. sin embargo
18. No vale mucho.
19. Pienso viajar más.
20. Es un gran hombre.

COMMANDS

VOCABULARY

año *m.* year	**olvidar (de)** forget
bondad *f.* kindness	**tomar** take
carta *f.* letter	**mismo** same
favor *m.* favor, service	**a menudo** often
universidad *f.* university	**en seguida** at once, immedi-
amar love	ately
dispensar pardon, excuse	**pronto** soon
enseñar teach, show	

¡Dispense (Vd.)! Pardon me!

I. COMMANDS. Commands may be divided into two classes:

(a) Formal commands to a person, or persons whom one addresses as **Vd.** or **Vds.**

(b) Familiar commands to a friend, relative, child (**tú**), or to friends, relatives, children (**vosotros**).

II. FORMAL COMMANDS. For formal commands, Spanish uses the present subjunctive (third person) and **Vd. (Vds.)**.

¡Venga Vd. a casa!	¡Vengan Vds. a casa!
¡Cierre Vd. la puerta!	¡Abran Vds. las ventanas!
¡No venga Vd. a casa!	¡No trabaje Vd. hoy!

III. FAMILIAR COMMANDS. In familiar commands, do not use any subject pronoun. Familiar commands vary greatly, according to their being positive or negative.

(a) Positive familiar commands. Spanish has a special imperative mood for giving positive familiar commands. This mood can have, of course, only two forms for any given verb, namely, the familiar singular (**tú**) form, and the familiar plural (**vosotros**) form.

First Conj.:	¡Habla!	¡Hablad!	¡Cierra!	¡Cerrad!
Second Conj.:	¡Come!	¡Comed!	¡Vuelve!	¡Volved!
Third Conj.:	¡Escribe!	¡Escribid!	¡Sirve!	¡Servid!

(b) Negative familiar commands. For negative familiar commands, use the present subjunctive (present tense, second person singular, and second person plural).

> ¡No hables con ellos, Juan!
> ¡No vendáis vuestra casa!
> ¡Roberto y Juan, no vayáis a casa hoy!

IV. IRREGULAR IMPERATIVES.

dar:	da—dad	ser:	sé—sed
decir:	di—decid	tener:	ten—tened
estar:	está—estad	venir:	ven—venid
hacer:	haz—haced	ver:	ve—ved
ir:	ve—id		

V. EXHORTATIONS: *Let's go home, Let's sing, etc.*, use the present subjunctive.

Cantemos otra vez.	Let's sing again.
Hablemos alemán.	Let's speak German.
Vamos a casa.	Let's go home. (In this oft recurring phrase, **vamos** is used instead of the regular subjunctive form **vayamos**.)

VI. COMMANDS WITH PERSONAL PRONOUN OBJECTS.

Positive Commands: The personal pronoun objects follow the verb and are attached to it.

Negative Commands: The personal pronoun objects precede the verb.

¡Háblale, Juan!	Speak to him, John!
¡No le hables, María!	Don't speak to him, Mary!
¡Démelo Vd.!	Give it to me!

¡No se los dé Vd. a él!	Don't give them to him!
¡Ábranlos Vds.!	Open them!
¡No los abran Vds.!	Don't open them!

VII. REQUEST COMMANDS. Commands may be softened and made less blunt in the following ways:

(a)　¡Hágame Vd. el favor de + infinitive!
　　　¡Hágame Vd. el favor de cerrar la puerta!

(b)　¡Tenga Vd. la bondad de + infinitive!
　　　¡Tenga Vd. la bondad de escucharme!

(c)　¡Por favor!　Please!
　　　¡Por favor, abra Vd. la ventana!
　　　(*At table*)　Por favor, el pan; por favor, el queso.

EXERCISES

A.　CONVERSACIONES EN LA ESCUELA Y EN CASA

Vamos a ver algunas diferencias entre una conversación en la escuela a la cual yo asisto y una conversación en casa. En una gran escuela la gente se conoce por lo común muy poco, pero en casa los padres y los hijos se conocen bien y se aman mucho.

Hay en nuestra escuela un maestro muy cortés, señor Castro, que enseña el español. Dice, por ejemplo:

—¡Cierren Vds. los libros! ¡Abran Vds. los cuadernos!—¡Señor Lacalle, tenga Vd. la bondad de cerrar la puerta!—¡Señor Pondal, hágame Vd. el favor de abrir todas las ventanas! Hace calor aquí.—¡Señorita Rivas, por favor, venga Vd. a la pizarra y traduzca las frases españolas al inglés!—¡Señorita Echegaray, venga Vd. también a la pizarra y escriba algo en español!—¡Señor Méndez, vaya Vd. a la pizarra y traduzca al español las dos primeras frases de la lección!—¡Señorita Blanco, por favor, vaya Vd. a la pizarra, tome las mismas frases y trate de traducirlas al francés!—¡Por favor, todo el mundo a la pizarra en seguida! Hoy tenemos prisa; hay que acabar hoy toda la lección. Señor Baroja, Vd. no me escucha. ¿Qué mira Vd. por la ventana?

—No miro nada, señor Castro; pienso siempre en mi madre, que está muy mala.

—¡Dispénseme Vd.! No lo sabía. Lo siento mucho.

- - - - - -

Pienso ir pronto a la Universidad de Santiago, donde espero poder estudiar tres años. Es la misma universidad en donde estudió mi padre. Todo el mundo quiere darme algo, mandarme algo, o pedirme algo. Por ejemplo, la madre me dice:

¡Por favor, Roberto, escríbenos muy a menudo! Una carta cada dos días. ¡No nos olvides! ¡No olvides también de tomar el dinero que te di ayer! No es mucho ¿verdad? Si necesitas más ¡escríbeme en seguida! ¡Come en buenos restaurantes! ¡No bebas mucho vino! ¡No estudies demasiado! ¡Juega mucho! ¡Ve a menudo a la iglesia! ¡Sé bueno! ¡Vuelve a casa de vez en cuando! ¡Piensa a menudo en tus padres, que no te olvidan nunca!

B. *Translate into Spanish:* 1. Come home soon, Robert! 2. Let's go home with them! 3. Read the letter, Mr. Castro! 4. Don't go to town today, Mrs. Blanco! 5. Give them to me, John! 6. Pardon me! 7. Close the windows and open the doors! (*Formal.*) 8. Show them to us, Mrs. Lacalle! 9. Please, the meat and the bread! 10. Charles, have the kindness to explain it to me! 11. I intend to study at the university three years. 12. Take your books and go home! (*Formal.*) 13. Don't eat it, John! 14. I didn't forget it. 15. I am not able to forget it. 16. I didn't know what I was saying. 17. Our parents love us. 18. We try not to forget them too. 19. We are going to attend the same school. 20. I have just finished my letter. 21. The others couldn't understand it.

C. *12-minute quiz on* decir. 1. What did he say? 2. as I was saying 3. What does he mean? 4. Can you tell me? 5. as I have just said 6. What does the word mean? 7. Tell me (it) too! 8. Don't say it, John! 9. I didn't say anything. 10. You said something, Mrs. Castro. 11. How does one say . . . ? 12. One has to say something.

D. *10-minute quiz; 5% for each correct answer.*

1. en seguida
2. ¡Dígame Vd.!
3. Olvidé.

4. algunas veces
5. el mismo pueblo
6. No tuvieron nada.

7. Va a nevar.
8. ¡Tómelo Vd.!
9. cerca de la ciudad
10. Era muy barato.
11. Thank you!
12. Don't mention it!
13. often

14. I don't know.
15. Who knows?
16. Read it, Miss Blanco!
17. He was teaching.
18. One has to work.
19. Is it important?
20. They were smoking.

DEMONSTRATIVE ADJECTIVES

VOCABULARY

caballo *m.* horse
familia *f.* family
gallina *f.* hen
gusto *m.* pleasure
mes *m.* month
oveja *f.* sheep
panadero *m.* baker
panadería *f.* bakery
paseo *m.* walk; ride
primo *m.* cousin
prima *f.* cousin

río *m.* river
vaca *f.* cow
nadar swim
pasar pass
pasado past; last
próximo next
feliz (felices) happy
este this
ese that
aquel that
durante during

¡Hombre! Man alive! Gee!
con mucho gusto with pleasure, gladly
el año pasado last year
el año próximo next year
dar un paseo take a walk
dar un paseo a caballo take a ride on horseback
dar de comer feed

I. Demonstrative Adjectives.

	Singular	Plural
this, these (*near me*)	este, esta	estos, estas
that, those (*near you*)	ese, esa	esos, esas
that, those (*remote*)	aquel, aquella	aquellos, aquellas

Este denotes something near the speaker.
Ese denotes something near the person addressed.
Aquel denotes something remote from both.
este periódico; aquellas camisas; este café; esa plumafuente;
aquel hombre; estas botellas

II. **Repetition of Demonstrative Adjectives.** Demonstrative adjectives are repeated before each word they modify.

¿Dónde compró Vd. esos guantes y esos zapatos?
Él vive en esta ciudad y ella en aquella ciudad.

EXERCISES

A.   MIS PRIMOS DEL CAMPO

Vivimos en Puebla, en donde tenemos muchos parientes. Tengo en esta ciudad dos tíos, dos tías, tres primos y una prima. Durante los fríos meses del invierno, cuando no es fácil ir al campo, aquellas familias nos visitan muy a menudo, y nosotros las visitamos con mucho gusto.

Uno de nuestros tíos en Puebla es muy rico. Es panadero. Su gran panadería, en la cual se hace y se vende pan, se encuentra cerca de nuestra casa. Aunque su casa es grande y muy hermosa, no creo que la vida de aquella familia sea muy feliz. Al menos, yo no visito a aquellos parientes con mucho gusto.

Otro hermano de mi padre es campesino; su pequeña hacienda se encuentra cerca de Saltillo. Aquel tío es pobre pero la vida de su familia es muy feliz. Tiene tres hijos, que son mis primos.

El verano pasado fuimos a visitar a aquellos parientes en el campo, y pasamos dos meses con ellos. ¡Hombre! ¡Qué vida! Hay un río que pasa cerca de su casa en que nadábamos casi todos los días. Dábamos paseos en los mismos campos con las ovejas, las vacas y los caballos. Dábamos de comer a las gallinas. Jugábamos por todas partes. Algunas veces íbamos de compras a unos pueblos cerca de la hacienda.

¡Hombre! Aquella vida me gusta mucho. Espero volver el verano próximo a pasar dos meses en la misma hacienda.

B. *Translate into Spanish.* 1. We have just seen them. 2. It is too bad that he doesn't believe you. 3. Do you want to take a walk to the country with us? 4. This horse is hungry. 5. Don't forget to bring it to me at once, Mr. Castillo! 6. What do you need today, Mr. Castro? 7. Let's buy bread and cheese too! 8. Please, close your books at once! 9. That green shirt (of yours) is beautiful; I like it. 10. I don't like those green shirts that he bought yesterday. 11. They used to live near Saltillo. 12. We used to live in the same city.

13. Pardon me, sir; what newspaper are you reading? 14. No, sir, thank you; I don't want it; I have just read it. 15. I was busy the whole day and in a hurry too. 16. The waiter says that he served you soup, meat and potatoes, and bread and butter. 17. After serving you, Mrs. Baroja, he went home. 18. My father was a baker in that city. 19. We were very happy last summer on his farm. 20. We often went shopping in the little villages near his farm. 21. Man alive! I like to take rides on horseback! 22. She fed his hens every day.

C. *10-minute quiz on* **hacer.** 1. I made it. 2. They were making it. 3. Make it for me, sir! 4. What are you making, Charles? 5. It is cold today. 6. It was warm yesterday. 7. Do me the favor of describing it. 8. He has just made it. 9. We have to do something. 10. Where are they made?

D. *10-minute idiom quiz; 5% for each correct answer.*

1. nevertheless	11. Good-bye!
2. gladly	12. See you soon!
3. immediately	13. How are you?
4. for example	14. Many thanks!
5. from time to time	15. Don't mention it!
6. once	16. We're having bad weather.
7. everywhere	17. I am sleepy.
8. every day	18. The sun is shining.
9. I take a walk.	19. Are you thirsty?
10. Good morning!	20. What does the word mean?

FUTURE TENSE—PRESENT CONDITIONAL

VOCABULARY

árbol *m.* tree	**vacaciones** *f. plur.* vacation
auto (automóvil) *m.* automobile	**ayudar** aid, help
camino *m.* road	**correr** run
higo *m.* fig	**producir (produzco)** produce
mañana *f.* morning	**ancho** broad, wide
modo *m.* way, manner	**allí** there
naranja *f.* orange	**desde** from, since
oliva *f.* olive	**mañana** (*adv.*) tomorrow
uva *f.* grape	**delante de** in front of
	detrás de behind

de este modo in this way
de otro modo otherwise
en auto by auto

I. FUTURE TENSE. The infinitive is regularly used as the basis of the future tense; to this base are added the endings:

— é   — ás   — á   — emos   — éis   — án

hablar	*comer*	*escribir*
hablaré	comeré	escribiré
hablarás	comerás	escribirás
hablará	comerá	escribirá
hablaremos	comeremos	escribiremos
hablaréis	comeréis	escribiréis
hablarán	comerán	escribirán

II. VERBS IRREGULAR IN THE FUTURE TENSE.

decir: diré, dirás, dirá, diremos, diréis, dirán
hacer: haré, harás, hará, haremos, haréis, harán

poder: podré, podrás, podrá, podremos, podréis, podrán
querer: querré, querrás, querrá, querremos, querréis, querrán
saber: sabré, sabrás, sabrá, sabremos, sabréis, sabrán
tener: tendré, tendrás, tendrá, tendremos, tendréis, tendrán
valer: valdré, valdrás, valdrá, valdremos, valdréis, valdrán
venir: vendré, vendrás, vendrá, vendremos, vendréis, vendrán.

Comeremos muchas naranjas este año.
No podremos ayudarlos el año próximo.
¿Quién me mandará el dinero?

III. PRESENT CONDITIONAL. Just as the future tells what *will happen*, the present conditional tells what *would happen*. These two tenses are treated together in this lesson because they are so similar both in English and in Spanish.

Future	*Present Conditional*
he will be	he would be
we shall have	we would have
they will know	they would know

The infinitive is regularly used as the basis of the present conditional; to this base are added the endings:

— ía   — ías   — ía   — íamos   — íais   — ían

hablar	*comer*	*escribir*
hablaría	comería	escribiría
hablarías	comerías	escribirías
hablaría	comería	escribiría
hablaríamos	comeríamos	escribiríamos
hablaríais	comeríais	escribiríais
hablarían	comerían	escribirían

IV. VERBS IRREGULAR IN THE PRESENT CONDITIONAL. The same verb basis (stem) is used in the present conditional as in the future indicative. Therefore, the same verbs that are irregular in the future indicative are also irregular in the present conditional.

decir: diría, dirías, diría, diríamos, diríais, dirían
hacer: haría, harías, haría, haríamos, haríais, harían

poder: podría, podrías, podría, podríamos, podríais, podrían
querer: querría, querrías, querría, querríamos, querríais, querrían
saber: sabría, sabrías, sabría, sabríamos, sabríais, sabrían
tener: tendría, tendrías, tendría, tendríamos, tendríais, tendrían
valer: valdría, valdrías, valdría, valdríamos, valdríais, valdrían
venir: vendría, vendrías, vendría, vendríamos, vendríais, vendrían

EXERCISES

A.   PASAREMOS LAS VACACIONES EN EL CAMPO

Nunca pasamos todas las vacaciones del verano en esta ciudad, porque hace mucho calor aquí. No sé que haríamos todo un verano en una gran ciudad. No podríamos nadar; no podríamos dar largos paseos en el campo; no querríamos estudiar; tendríamos ganas de dormir mucho y de beber demasiado. Pensaríamos siempre en los veranos alegres pasados en casa de mis tíos cerca de Saltillo.

Por lo común mi padre no tiene que trabajar mucho en el verano; de otro modo, no podría dar largos paseos en auto con los demás de la familia durante las vacaciones del verano. Nos gusta mucho que él también puede ir por todas partes con nosotros.

Es probable que vayamos otra vez este año a pasar dos meses en el campo. Aquí tiene Vd. unas buenas razones por que es posible y probable:

(a)   El trabajo en las escuelas acabó esta mañana.

(b)   Las vacaciones empezarán mañana por la mañana.

(c)   El padre no tiene que trabajar este verano.

(d)   Un buen- camino ancho va desde Puebla hasta Saltillo, el cual pasa delante de la casa de nuestros tíos.

(e)   Tenemos un buen automóvil.

(f)   Nuestros parientes cerca de Saltillo quieren que los visitemos.

¡Hombre! Mi padre dice que iremos allí mañana, para pasar dos meses con ellos. Mañana llegaremos a su hacienda. Nadaremos otra vez en el río. Correremos y daremos paseos por todas partes. Yo ayudaré a mí tío y mi madre ayudará a mi tía.

Jugaremos entre los árboles detrás de la casa, que producen mucha fruta. Comeremos higos, naranjas y uvas todo el día. Esta hacienda produce muchas olivas también. Las naranjas, las uvas y los higos se venden muy barato allí.

¡Hombre! Aquella vida me gusta. ¡Hasta la vista, Puebla!

B. *Translate into Spanish.* 1. We learn Spanish in this way. 2. We study it a great deal; otherwise we could not understand it. 3. Go home at once, Mr. Castillo, and finish your work! 4. I have just finished the work. 5. Show it to me! 6. We shall be there tomorrow. 7. They will pass their summer vacation there. 8. Would he help me? 9. I shall swim in that river every day. 10. I hope that we arrive there early. 11. We shall need more money, shall we not? 12. I fear that he hasn't (any) more money. 13. She would eat all the oranges. 14. There is a broad road that goes from Puebla to Saltillo. 15. There are no trees in front of their house. 16. Would you like to pass two months there, Mrs. Blanco? 17. Pardon me, sir! Is there a university in that city? 18. What do the farms near Saltillo produce? 19. Is there a good bakery in this city? 20. I would help you gladly. 21. I don't like these English exercises. 22. You will get good grades, nevertheless.

C. *10-minute quiz using* Vd.; *5% for each correct answer.*

1. Will you be able?
2. Were you afraid?
3. Are you hungry?
4. Are you sleepy?
5. Will you be there?
6. Were you there yesterday?
7. Did you study?
8. Were you studying?
9. Would you buy it?
10. Could you buy it?
11. What will you do?
12. What would you do?
13. What can you do?
14. What do you want to do?
15. Do you like to read?
16. Are you in a hurry?
17. Give it to me!
18. Did you make it?
19. after seeing you
20. Do you like my hat?

REFLEXIVE VERBS

VOCABULARY

cocina *f.*   kitchen; cuisine
comedor *m.*   dining room
desayuno *m.*   breakfast
oficina *f.*   office
acostarse(ue)   go to bed
afeitarse   shave (oneself)
cansarse   become tired
desayunarse   eat breakfast
despedirse(i-i) de   take leave of
despertar(ie)   awaken; *refl.* wake up

encontrarse(ue)   be, be located, be found
hallar   find; *refl.* be found, be located, be
lavar   wash
levantar   lift; *refl.* get up
irse   go away, depart
quedar (*or* **quedarse**)   remain
recordar(ue)   remember
salir (salgo)   go out, leave
sentarse(ie)   sit down
vestirse(i-i)   dress

a la vez   at the same time
tomar el desayuno   eat breakfast

I.   REFLEXIVE VERBS.   A reflexive verb is a verb whose subject reflects or reacts upon itself; its object is always a pronoun corresponding to the subject.

Me desayuné temprano.
Se despidió de nosotros.
Vds. se cansarán.

I ate breakfast early.
He took leave of us.
You will become tired.

II.   REFLEXIVE VERB USAGE.   In both English and Spanish, almost all transitive verbs may be used reflexively (*to see oneself; throw oneself; help oneself; hurt oneself, etc.*). However, the reflexive construction occurs much more frequently in Spanish than in English.

Nos desayunamos.	We eat breakfast.
Me senté.	I sat down.
Se van mañana.	They leave tomorrow.
No se hallan aquí.	They are not here.

III. PRESENT AND PRETERIT TENSES OF **cansarse**.

Present		*Preterit*	
me canso	nos cansamos	me cansé	nos cansamos
te cansas	os cansáis	te cansaste	os cansasteis
se cansa	se cansan	se cansó	se cansaron

The same pronoun sequence is, of course, used in all tenses.

yo . . . me	nosotros . . . nos
tú . . . te	vosotros . . . os
él, ella, Vd. . . . se	ellos, ellas, Vds. . . . se

IV. COMMANDS WITH REFLEXIVE VERBS.

¡Siéntate, Juan!	¡Sentémonos! (*Let's sit down!*)
¡No te sientes, Ana!	¡Siéntese Vd.!
¡Sentaos, amigos!	¡Siéntense Vds.!
¡No os sentéis!	

(a) In the positive familiar plural form, **d** is dropped when followed by **os**. ¡Sentaos! (not ¡Sentados!).

(b) In the first person plural subjunctive form (*Let's*), **s** is dropped before **nos**. ¡Sentémonos! (not ¡Sentémosnos!).

(c) The formal **Vd.** and **Vds.** forms are the ones generally recommended for class work.

V. REFLEXIVE **se** IN GENERAL STATEMENTS. In general statements where English uses "one," "people," "they," or the passive voice, Spanish uses the reflexive **se** (see Lesson III).

¿Qué se hace aquí?	What are they making here?
	What is made here?
¿Se bebe mucho vino allí?	Do people drink much wine there?
	Is much wine drunk there?
Se ven por todas partes.	One sees them everywhere.

EXERCISES

A. UN DÍA EN LA VIDA DE MI PADRE

Como Vds. van a ver, mi padre es un hombre muy ocupado. No trabaja mucho en casa, pero se queda largo tiempo en su oficina, la cual se halla no lejos de la universidad. No recuerdo dónde está.

Después de cansarse en su oficina, viene a casa. Muchas veces llega a casa muy tarde. Al entrar, se sienta y empieza a charlar con mi madre y a leer el periódico.

Se come muy tarde y muy lentamente en México. Mi familia también come tarde y lentamente. Comemos en el comedor. Después de comer, mi padre empieza a fumar y a leer el periódico; mi madre vuelve a la cocina para acabar allí su trabajo.

Cuando tenemos sueño, nos acostamos y dormimos bien, porque todo el mundo está cansado.

Mi familia se despierta muy temprano porque mi padre tiene que ir a la ciudad y yo a la escuela. Nos levantamos en seguida. Mi madre va a la cocina para preparar el desayuno, mientras mi padre se afeita y se lava. Se afeita muy lentamente, pero se viste de prisa.

Entonces toda la familia entra a la vez en el comedor y se sienta. Después de servir a cada uno una taza de café, mi madre vuelve a la cocina para traer lo demás del desayuno. En nuestra casa se desayuna muchas veces en la cocina, porque de este modo mi madre no tiene que trabajar mucho. Me gusta más tomar el desayuno en la cocina.

Al acabar de desayunarnos, nos levantamos, mi padre para irse a la ciudad, mi madre para volver a su trabajo, y yo para ir a la escuela que se encuentra cerca de nuestra casa.

Poco después mi padre se despide de nosotros, sale de la casa y se va a la ciudad. Al llegar a la oficina, vuelve a empezar su trabajo.

Es lástima, pero no recuerdo otra cosa.

B. *Translate into Spanish.* 1. We go to bed late and we get up early. 2. I got up early this morning. 3. My father shaves slowly, but he eats breakfast fast. 4. I don't remember these words. 5. He has just left the house. 6. They go away every summer, don't they? 7. They entered the dining room at the

same time. 8. His office is located near the university. 9. He awakened us early because we wanted to go shopping. 10. I wanted to buy a hat and a pair of gloves and she wanted to buy a pair of shoes. 11. Do you remember those shoes that she bought that day? 12. I didn't like them. 13. Let's go to town this morning! 14. He can't stay there two months, can he? 15. We shall try to give him more money. 16. Sit down, Mrs. Ruiz; I shall return at once. 17. He wouldn't eat breakfast in the kitchen. 18. The road will be long and difficult. 19. Where is your school located? 20. I got tired and went home. 21. In what countries is Spanish spoken? 22. That man wouldn't know.

C. *Read Exercise A aloud in class, changing all present tenses to preterit tenses.*

D. *10-minute quiz on reflexive verbs; 5% for each correct answer.*

1. ¿Dónde se hacen?	11. ¿No puedes afeitarte?
2. Se cansaban.	12. Me desayuné tarde.
3. ¡Sentémonos aquí!	13. ¿Cómo se lee la frase?
4. No me afeito.	14. Me visto de prisa.
5. Se fueron.	15. ¿Se acostaron?
6. Nos levantábamos.	16. No se sabe.
7. ¡Siéntese Vd.!	17. ¿Dónde se come tarde?
8. Se encuentran allí.	18. ¿Qué se hace aquí?
9. ¿Por qué se van Vds.?	19. ¿Qué se halla allí?
10. Se lavó.	20. antes de acostarse

TIME OF DAY

VOCABULARY

calle *f.* street
cuarto *m.* quarter; room
cuarto de baño *m.* bathroom
edificio *m.* building
hora *f.* hour
minuto *m.* minute
noche *f.* night, evening
noticias *f. plur.* news

reloj *m.* watch
sala *f.* living room
tarde *f.* afternoon
llamar call; *refl.* be called,
  be named
poner (pongo) put; *refl.*
  become
medio (*adj.*) half

1.	uno	6.	seis	11.	once
2.	dos	7.	siete	12.	doce
3.	tres	8.	ocho	13.	trece
4.	cuatro	9.	nueve	14.	catorce
5.	cinco	10.	diez	15.	quince

¡**Buenos días!** Good morning! Good day!
¡**Buenas tardes!** Good afternoon!
¡**Buenas noches!** Good evening! Good night!

I. Time of Day.

¿Qué hora es?	What time is it?
Es la una.	It is one o'clock.
Es la una y media.	It is half past one.
Son las tres.	It is three o'clock.
Son las ocho y media.	It is half past eight.
Son las seis y cinco.	It is five minutes after six.
Son las once menos diez.	It is ten minutes to eleven.
¿A qué hora llegarán?	What time will they arrive?
a las nueve menos cuarto	at a quarter to nine
a las once de la noche	at eleven o'clock at night

(a) The verb **ser** is used to express time of day.

(b) **La una, las dos,** etc., agree with **hora** and **horas** understood. **Media** agrees with **hora** understood.

II. NUMERALS INVARIABLE. All numerals from 1 to 100, except **uno** (**un, una** before nouns), are invariable.

un ejercicio   una traducción
cuatro lenguas   ocho amigos

III. **Hacer** IN TIME EXPRESSIONS.

(a) **hacer** + length of time = time ago

Lo leí hace tres meses.   I read it three months ago.
Hace tres meses que lo leí.   I read it three months ago.

(b) **hace,** time expression, + present tense, to express an action begun in the past and continuing in the present.

Hace quince años que estoy aquí.   I have been here fifteen years.

IV. SUBSTITUTES FOR *become*. Spanish, having no one word that means *become*, employs the following circumlocutions to express the idea, the first two of which are the most used:

(a) **hacerse** (make oneself)

Se hizo presidente.   Van a hacerse ricos.

(b) **ponerse** (put oneself; *used only physically*)

Los caballos se pusieron malos.   The horses got sick.
Me puse rojo.   I blushed.

(c) **llegar a ser** (arrive to be)

Llegaron a ser abogados.

V. **Poner. Poner** is a very irregular verb.

Pres.   pongo, pones, pone, ponemos, ponéis, ponen
Pret.   puse, pusiste, puso, pusimos, pusisteis, pusieron
Fut.   pondré, pondrás, pondrá, pondremos, pondréis, pondrán

VI. **Llamarse.** **Llamarse** is much used to express the
equivalent of:

What is your name?	¿Cómo se llama Vd.?
My name is Castillo.	Me llamo Castillo.
Their name is López.	Se llaman López.

EXERCISES

A.   OTRA CONVERSACIÓN

— Su padre tiene una oficina en la calle Máximo Gómez
¿verdad?

— Sí, señor; hace muchos años que tiene su oficina allí.

—¿Cómo se llama el edificio en que se halla su oficina?

— Se encuentra en el edificio del Banco Nacional. Vd. conoce
aquel edificio ¿no es verdad?

— Sí, señor. Trabajaba en aquel edificio hace catorce años.

—¡Dispense Vd.! ¿Qué hora es? Mi reloj se encuentra en
casa. Tuve prisa esta mañana y lo olvidé.

— Son las once y cuarto, señor.

— Su padre se hizo rico hace unos años ¿verdad?

— No lo creo, señor. Vivimos siempre en la misma pequeña
casa en la misma calle. Nuestra casa tiene seis cuartos.

—¿Cómo se llama aquella calle?

— Se llama Jorge Juan.

—¿Puede Vd. describirme un poco lo que su padre hace todos
los días?

— Con mucho gusto, señor. Por lo común se levanta a las
seis y media. Va en seguida al cuarto de baño, donde se
afeita y se lava antes de vestirse. Después de vestirse, va
a la sala, se sienta y lee el periódico diez minutos. Cuando
la madre nos llama, vamos al comedor para tomar el desayuno. Después de desayunarse muy de prisa, él se despide
de nosotros y se va. Se encuentra siempre en su oficina a
las ocho menos diez. Se queda allí todo el día. Trabaja
cada hora hasta las cuatro y media de la tarde. Después
cierra la puerta y vuelve a casa; llega a casa a las cinco y
diez. Al llegar, entra en seguida en la sala, se sienta y
empieza a charlar con la madre o a leer las noticias en el
periódico de la noche. Le interesan mucho las noticias,

pero le interesan mucho más los anuncios.   Dispense, señor,
pero tengo que despedirme de Vd.

— Es bastante, señor Antonio.   Lo que Vd. acaba de decirme,
me interesa mucho.   ¡Muchas gracias!

— De nada, señor.   ¡Adiós!

—¡Adiós, señor!

B.   *Translate into Spanish.*   1.   We stay here until eight
o'clock at night.   2.   I finished it at half past eleven.   3.   I
have just finished it at half past eleven.   4.   Where is your
office located?   5.   I came to this city thirteen years ago, but I
don't know that street.   6.   He became rich, didn't he?   7.   I
don't know; one of his sons, however, became very rich.   8.   He
put his watch on the table.   9.   My name is Isabelita Ruiz and I
used to live in Puebla.   10.   What is the name of your street?
11.   He stays there until half past four in the afternoon, doesn't
he?   12.   Your house has seven rooms, hasn't it?   13.   People
say that there are very few bathrooms in Mexico.   14.   Can't you
stay in town until this evening?   15.   Do you have to return
home this morning?   16.   Do you shave every day, Mr. Valdés?
17.   He will wake us up at ten minutes to seven.   18.   I read his
paper ten or fifteen minutes and then went out of the room.   19.
They have two bathrooms, don't they?   20.   Let's sit down in
the living room; it is cold here.   21.   She made that shirt for me
five or six months ago.   22.   What time shall we breakfast tomorrow?

C.   *10-minute quiz; 5% for each correct answer.*

1.	Good night!	11. Me acosté temprano.
2.	What time is it?	12. ¿A qué hora se van?
3.	My name is Charles.	13. después de leerlo
4.	It is eight o'clock.	14. detrás del edificio
5.	It is one o'clock.	15. ¿Cómo se llama Vd.?
6.	It is half past one.	16. ¡Dígame Vd. en seguida!
7.	It is a quarter to ten.	17. ¡Siéntense Vds.!
8.	He will know it.	18. Se levantarán tarde.
9.	I got dressed.	19. ¿Qué diccionario tiene Vd.?
10.	at the same time	20. ¿Qué haremos mañana?

PRESENT PERFECT TENSE—PARTICIPLES

VOCABULARY

ferrocarril *m*. railway
tren *m*. train
viaje *m*. trip, journey
divertirse(ie-i) enjoy oneself, have a good time
haber (*auxiliary verb*) have
morir(ue-u) die

oír hear
enorme enormous
mexicano Mexican
por by, in, through, in exchange for
todavía yet, still

Eso es. That is right. **por eso** therefore
por tren by train   **todavía no** not yet
hacer un viaje make a journey, take a trip
he oído decir I have heard it said

I. Perfect Participle. Perfect participles are regularly formed by adding:

—**ado** to the stem of first conjugation verbs
—**ido** to the stem of second and third conjugation verbs. The perfect participle, as used in forming all perfect tenses, is invariable and always ends in -**o**.

hablado (spoken)	estudiado (studied)	comido (eaten)
conocido (known)	vivido (lived)	dormido (slept)

Learn the following irregular perfect participles:

abierto (abrir)	descrito (describir)	oído (oír)
creído (creer)	hecho (hacer)	puesto (poner)
dicho (decir)	leído (leer)	visto (ver)
escrito (escribir)	muerto (morir)	vuelto (volver)

II. PRESENT PERFECT TENSE. The present perfect tense is composed of the present tense of the auxiliary verb **haber** and the perfect participle. This formation is exactly parallel to the English present perfect, *I have spoken, I have written, we have seen,* *etc.* The name, present perfect, describes exactly the composition of the tense.

cerrar	*leer*	*escribir*
he cerrado	he leído	he escrito
has cerrado	has leído	has escrito
ha cerrado	ha leído	ha escrito
hemos cerrado	hemos leído	hemos escrito
habéis cerrado	habéis leído	habéis escrito
han cerrado	han leído	han escrito

The participle should not be separated from the auxiliary.

The present perfect tense is used almost the same way in Spanish as in English.

> Lo hemos leído.
> ¿Lo han leído Vds.?
> ¿Han visto sus amigos aquella iglesia?

III. PERFECT PARTICIPLE USED AS ADJECTIVE. As in English, the perfect participles often serve as adjectives. A participial adjective must agree with the noun it modifies and must follow it.

> la palabra hablada (the spoken word)
> los libros leídos (the books read)
> las ciudades descritas por él (the cities described by him)

IV. PERFECT PARTICIPLE USED ABSOLUTELY. The absolute construction, consisting of a participle and a noun or pronoun, is peculiar in that there is no indication of the relation of these words to the rest of the sentence.

> Acabado el trabajo, salió. (The work finished, he left.)
> Llegadas las legumbres, tuvimos bastante de todo. (After the vegetables arrived, we had enough of everything.)

V. PRESENT PARTICIPLE. Present participles are regularly formed by adding:

—**ando** to the stem of first conjugation verbs
—**iendo** to the stem of second and third conjugation verbs.

hablando (speaking)   estudiando (studying)
comiendo (eating)   escribiendo (writing)

The present participle is invariable, always ending in -o.
Present participles of radical-changing verbs of the third conjugation:

durmiendo (dormir)   sintiendo (sentir)
pidiendo (pedir)   sirviendo (servir)

Learn the following irregular present participles:

creyendo (creer)   pudiendo (poder)
diciendo (decir)   trayendo (traer)
leyendo (leer)   viniendo (venir)
oyendo (oír)   yendo (ir)

VI. USES OF PRESENT PARTICIPLE.

(a) Just as English has progressive tenses (*I am working, we are learning, they were reading, etc.*), Spanish has them too.

The Spanish progressive tenses are composed of **estar** and the present participle.

Estoy trabajando aquí.
Estábamos leyendo un periódico.

(b) The present participle is often used absolutely, describing some action or state of being of the subject of the sentence.

Durmiendo, no me oyeron.
Estando cansados, dormían.

VII. OBJECT PRONOUNS OF PRESENT PARTICIPLE. Personal pronouns used as the object of a present participle are placed after the participle and attached to it.   In all such cases, the verb must have a written accent.

No viéndome, no dijo nada.
Leyéndoselo a ellos, me puse muy cansado.

VIII. OBJECT PRONOUNS WITH PROGRESSIVE TENSE. The object pronouns of a progressive tense may stand:

(a)   Before the auxiliary verb, or
(b)   Attached to the participle.

> Lo estamos estudiando. = Estamos estudiándolo.
> Me los está dando. = Está dándomelos.

IX.   Oír (*hear*).

Present	*Preterit*	*Past*	*Future*
oigo	oí	oía	oiré
oyes	oíste	oías	oirás
oye	oyó	oía	oirá
oímos	oímos	oíamos	oiremos
oís	oísteis	oíais	oiréis
oyen	oyeron	oían	oirán

EXERCISES

A.   MIS TÍOS VIAJAN POR MÉXICO

— He oído decir que los tíos de Vd. viajan en México.
— Eso es, señor. Al llegar a Puebla, se quedaron allí largo tiempo para aprender el español. Aprendida la lengua un poco, han podido viajar por todo México con mucho gusto.
—¿Han viajado mucho?
— Sí, señor, han hecho viajes por todas partes de México.
— Se han divertido mucho allí ¿verdad?
— Eso es, señor. Se han divertido mucho en México, la vida mexicana, la gente mexicana, la cocina mexicana, el país mexicano—todo les ha gustado, porque todo les interesa.
—¿Han vuelto a los Estados Unidos?
— Todavía no, señor. Acabado su viaje, vendrán a casa en seguida.
—¿Han viajado siempre por tren en México?
— No, señor. Aunque hay muchos ferrocarriles en aquel país, es imposible llegar a muchos pueblos interesantes por tren. Por eso han hecho unos viajes en auto. Prefieren viajar por tren. Viajando en auto, no pueden ver mucho porque los automóviles van demasiado de prisa.

—¿Han visto algunas de las iglesias grandes de México?

— Sí, señor. En sus cartas han descrito las iglesias enormes de la Ciudad de México, de Puebla y de Guadalajara. Aquellas iglesias me interesan mucho. Tengo ganas de verlas antes de morir. Pero, todavía no he muerto, y no voy a morir antes de que haga aquel viaje por México.

—¡ Bueno! ¡A ver! (*We shall see.*) Sus tíos han viajado todo el tiempo mientras estaban en México ¿no es verdad?

— No, señor. Primero, fueron de esta ciudad a aquella ciudad y luego de aquella ciudad a esta ciudad. Han hecho viajes desde Monterrey hasta Puebla, desde Puebla hasta Saltillo, y desde Saltillo hasta Acapulco. Siempre viajes, viajes y más viajes. Pero acabados todos aquellos viajes, han vuelto a Puebla para descansar. Están descansando en Puebla durante todo este mes.

—¡ Qué vida tan interesante! Me gustaría hacer tal viaje también.

B. *Translate into Spanish.* 1. What have they done this morning? 2. Hearing that my mother was sick, I went home at once. 3. What has her doctor said? 4. Has he returned this afternoon? 5. He has just been here. 6. Did he come by train or by auto? 7. Where in Mexico does one find such enormous churches? 8. I have not heard that church spoken of. 9. We are visiting them now. 10. Do you like to make trips by auto? 11. I much prefer to make long trips by train. 12. What a pity that they have no auto! 13. They are helping us every day. 14. In this way we shall soon have enough money. 15. I was giving it to them when she entered. 16. Has your friend arrived yet? 17. Not yet; he will arrive tomorrow. 18. What time will he be here? 19. He will come by train and will be here at eleven o'clock or a quarter after eleven. 20. I would like to see him again. 21. What is his name? 22. You have learned a lot the past year. 23. That's right; I have studied every lesson; therefore I have gotten good grades.

C. *10-minute quiz on participles; 5% for each correct answer.*

1. I have written it.
2. He has seen it.
3. Have you heard it?
4. What has he done?
5. He has said nothing.
6. the written words

7. the explained lesson
8. the man described
9. everything having been eaten
10. the work done
11. We are speaking.
12. They were hoping.
13. I was helping him.
14. They were eating it.
15. We are looking for him.
16. Having a good time, I . . . .
17. Having a good time, we . . . .
18. Having a good time, he . . . .
19. going home
20. They were dead.

COMPARISON OF ADJECTIVES AND ADVERBS

VOCABULARY

estudiante *m.* student
examen *m.* examination
muchacho *m.* boy
muchacha *f.* girl
profesor *m.* professor
repaso *m.* review
distinguir distinguish
repasar review
joven young
mejor better
peor worse
cuanto as much (many) as
cuánto how much (many)

perfecto perfect
principal principal
tanto as much (many); so much (many)
viejo old
cuidadosamente carefully
distintamente distinctly
fácilmente easily
como as; like
tan so; as; tan . . . como, as . . . as
tanto (*adv.*) so, so much

ayer por la mañana yesterday morning
mañana por la mañana tomorrow morning
mañana por la tarde tomorrow afternoon

I. COMPARISON OF ADJECTIVES. In Spanish, the comparative and superlative degrees are alike and both are formed by putting **más** (*more*) or **menos** (*less*) before the adjective; thus, in the absence of any qualifying phrase, it is impossible to distinguish between the comparative and superlative degrees. Frequently, however, the superlative can be distinguished by the use of the definite article or some qualifying phrase.

Any adjective using **más** or **menos** in the comparative or superlative degree follows the noun it modifies.

Positive	*Comparative*	*Superlative*
rico	más rico	el más rico
alegre	más alegre	el más alegre

112

| cansado | menos cansado | el menos cansado |
| el hombre rico | el hombre más rico | el hombre más rico |

la lección más fácil de todo el libro

Although all adjectives may be compared regularly, the following may be compared irregularly.

bueno	mejor	mejor
malo	peor	peor
grande	mayor	mayor

Note: **Mayor,** referring to persons, usually means *older, oldest.*

| un buen hombre | un mejor hombre | el mejor hombre |
| mi hermano | mi hermano mayor | mi hermano mayor |

II. *Than* = **que (de).** *Than* is regularly translated by **que;** before numerals, however, use **de.**

> El es más inteligente que su hermana.
> Han visto más de doce iglesias.

III. *In* (after a superlative) = **de.**

> Este edificio es el más grande de la ciudad.
> Tienen los caballos más caros del país.

IV. **No . . . más que** = *only.* **No . . . más que** usually means *only.*

> No teníamos más que cinco cuartos en aquella casa.

V. COMPARISON COMPLETED BY A CLAUSE. When the comparison is completed by a dependent clause, this clause is introduced by **del que (de la que, de los que, de las que). De lo que** introduces the secondary clause, when the comparison is with a phrase or idea.

> Leemos más palabras de las que podemos recordar.
> Francia es más pequeña de lo que Vds. creen.

VI. FORMATION OF ADVERBS. Many adverbs have their own distinctive forms.

aquí, pronto, ahora, ayer, temprano, etc.

Most adjectives may be converted into adverbs by adding **-mente** to the feminine singular form.

principal (principalmente)   rico (ricamente)
cuidadoso (cuidadosamente)   fácil (fácilmente)

VII. **COMPARISON OF ADVERBS.** Adverbs are compared like adjectives.

Positive	*Comparative*	*Superlative*
bien	mejor	mejor
fácilmente	más fácilmente	más fácilmente
perfectamente	más perfectamente	más perfectamente

Lo más . . . possible is much used as a superlative.

lo más temprano posible (as early as possible)
lo más cuidadosamente posible (as carefully as possible)

VIII. **VARIOUS WAYS OF MAKING COMPARISONS.**

(a) Equality is expressed by **tan (tanto) . . . como.**
Ellos tienen tanto dinero como nosotros.
Vd. no trabajaba tan cuidadosamente como yo.
Ella ha aprendido tantas palabras como Vd.

(b) Inequality is expressed by **más (menos) . . . que.**
Vd. ha leído mucho más que yo.
Yo compré menos cosas que los demás.

(c) *The . . . the*, each followed by a comparative, is expressed by **cuanto . . . tanto. Tanto** may be omitted.
Cuanto más estudio, tanto más aprendo.
Cuanto más leen, más saben.
Cuanto más café bebo, tanto menos duermo.

IX. **ADJECTIVES USED AS NOUNS.** In Spanish, the use of adjectives as substantives is very common.

el viejo	the old man	los pobres	the poor
una vieja	an old woman	el joven	the young man
lo malo	evil	lo útil	the useful thing

EXERCISES

A.   UNIVERSIDADES Y ESCUELAS

—¿Hay muchas diferencias entre universidades y escuelas, señor?

— Sí, Roberto, hay mucho más diferencias de las que puedo explicarle. Sin embargo, aquí tiene Vd. una diferencia: en las universidades los profesores enseñan a estudiantes, pero en las escuelas los maestros enseñan a alumnos.

— Muchas gracias,.señor. Hallo muy interesante lo que Vd. acaba de decirme. No sabía esta diferencia. No podía distinguir entre las dos. ¿No hay otras diferencias? Por ejemplo, los estudiantes se llaman estudiantes porque estudian tanto ¿verdad?

— Creo que sí, Roberto. Al menos, creo que los estudiantes estudian más que los alumnos. Los estudiantes tienen que preparar lecciones más largas y tienen también que prepararlas mucho más cuidadosamente. Los estudiantes escriben más y mejor que los alumnos.

—¿Es decir, señor, que los alumnos son, por lo común, menos inteligentes que los estudiantes? Como Vd. ve, quiero saber las diferencias principales entre estudiantes y alumnos.

— No quiero decir que los unos son más o menos inteligentes que los otros. No puedo distinguir perfectamente entre estas dos clases de gente. Los estudiantes son más viejos que los alumnos, pero creo que los jóvenes aprenden tan fácilmente como sus mayores.

— Se dan más exámenes en las universidades ¿no es verdad, señor?

— Creo que sí, Roberto. Recuerdo que muchas veces tenía más de dos exámenes en un día. Hay más exámenes y menos repasos en una universidad.

— En nuestra escuela hay repasos todos los días. Por eso, no es preciso estudiar mucho en casa.

— Aquí tiene Vd. la diferencia principal entre universidades y escuelas. Los estudiantes trabajan mucho más que los alumnos, y preparan sus lecciones casi perfectamente. Por eso, los repasos no son tan necesarios en una universidad.

— Hay alumnos en nuestra escuela quienes estudian cada

lección más de dos horas.　Sin embargo, el mejor alumno de la escuela no estudia más de diez horas en un mes.　«Cuanto menos estudio, tanto más sé,» dice él.

— Lo más útil, Roberto, es aprender.　De este modo se hace progreso.

—¿Cuántas horas es necesario estudiar una lección?

— No puedo contestarle en seguida.　Si el maestro o el profesor habla distintamente y explica todo lentamente y cuidadosamente, todo se hace fácil.　Lo interesante y útil se aprende fácilmente y de prisa.

— Eso es, señor.　He aprendido algo.　¡Hasta la vista!

—¡Hasta mañana por la mañana, Roberto!

B.　*Translate into Spanish.*　1.　We have had more examinations than they.　2.　This young man has more than ten horses. 3.　As you see, we haven't as many horses as they.　4.　How many girls are there in this class?　5.　We shall go home tomorrow morning.　6.　I studied all my lessons yesterday morning.　7.　We shall have another review tomorrow afternoon. 8.　The more reviews we have, the better I understand everything.　9.　Our class has had more than twelve reviews.　10. How does one distinguish between the work of a school and of a university?　11.　I went to bed at ten minutes after nine.　12. I got tired and went home early.　13.　My brother awakened me at half past five.　14.　I got up at once and dressed.　15.　We shall meet you there as early as possible.　16.　I shall explain it to them more carefully tomorrow.　17.　Have you seen them this morning?　18.　Not yet, but I hope to see them this afternoon.　19.　He has only two sisters.　20.　The useful always interests us.　21.　Can you tell me where the bakery is?　22.　It is nearer here than you think.

C.　*10-minute quiz; 5% for each correct answer.*

1.　I made it.	7.　more easily
2.　I have made it.	8.　very carefully
3.　He will make it.	9.　almost perfectly
4.　We have seen it.	10.　less easily
5.　Do me the favor!	11.　tomorrow morning
6.　Gladly.	12.　yesterday afternoon

13. How many oranges?
14. so many cows
15. more than three cows
16. at half past eleven
17. therefore
18. last year
19. fourteen years ago
20. We have written.

NUMERALS

VOCABULARY

línea *f.* line	**sencillo** simple
página *f.* page	**tercero** third
contar(ue) count; relate	**último** last
diferente different	**apenas** scarcely, hardly
nuevo new	**ya** already; — **no,** no
segundo second	longer

¿Cuántos años tiene Vd.? How old are you?
Tengo diez y ocho años. I am eighteen years old.

I. CARDINAL NUMBERS.

1.	uno	19.	diez y nueve
2.	dos	20.	veinte
3.	tres	21.	veinte y uno (veintiuno)
4.	cuatro	22.	veinte y dos (veintidós)
5.	cinco	23.	veinte y tres (veintitrés)
6.	seis	30.	treinta
7.	siete	31.	treinta y uno
8.	ocho	32.	treinta y dos
9.	nueve	40.	cuarenta
10.	diez	41.	cuarenta y uno
11.	once	50.	cincuenta
12.	doce	55.	cincuenta y cinco
13.	trece	60.	sesenta
14.	catorce	61.	sesenta y uno
15.	quince	70.	setenta
16.	diez y seis	76.	setenta y seis
17.	diez y siete	80.	ochenta
18.	diez y ocho	88.	ochenta y ocho

90.	noventa	600.	seiscientos(-as)
93.	noventa y tres	700.	setecientos(-as)
100.	ciento	800.	ochocientos(-as)
101.	ciento uno	900.	novecientos(-as)
105.	ciento cinco	1000.	mil
116.	ciento diez y seis	2002.	dos mil dos
128.	ciento veinte y ocho	6000.	seis mil
182.	ciento ochenta y dos	100,000.	cien mil
200.	doscientos(-as)	300,000.	trescientos(-as) mil
300.	trescientos(-as)	1,000,000.	un millón
400.	cuatrocientos(-as)	5,000,000.	cinco millones
500.	quinientos(-as)		

876 = ochocientos setenta y seis

1908 = mil novecientos y ocho

183,533 = ciento ochenta y tres mil, quinientos treinta y tres.

The cardinal numbers are invariable, except that

(a) **Uno** becomes **un** before a masculine noun.
un pueblo; un buen papel; cuarenta y un hombres
(b) **Ciento** becomes **cien** before nouns, **mil,** and **millón.**
cien faltas; cien mil palabras
(c) Compounds of **ciento** are treated as adjectives.
trescientas páginas
ochocientas mil personas
(d) After the noun **millón,** the preposition **de** is required.
un millón de alumnos

II. ORDINAL NUMBERS.

the first	el primero	la primera
the second	el segundo	la segunda
the third	el tercero	la tercera
the fourth	el cuarto	la cuarta
the last	el último	la última

III. SHORTENED FORMS OF **primero** AND **tercero.** **Primero**
and **tercero,** like **alguno, bueno, ninguno,** and **malo,** lose their
final vowel before a masculine singular noun.

el primer día   el tercer año   algún dinero

EXERCISES

A.   ESTE LIBRO

Este libro es pequeño y muy sencillo.   Es el primer libro de español que hemos estudiado.   Aunque sea tan pequeño y sencillo, es bastante difícil para la mayor parte de esta clase.   Ya hemos encontrado más dificultades de las que esperábamos encontrar.

No he contado todavía las páginas de este libro, pero sé que tiene más de doscientas y menos de doscientas cincuenta; es decir, cerca de doscientas treinta páginas.

En este libro se encuentran treinta y seis lecciones, de las cuales hemos estudiado ya veinticinco.   Acabamos la lección veinticinco hace dos días.   Hemos acabado, por eso, casi tres cuartos del libro.   Hay todavía diez lecciones que aprender, o apenas cincuenta páginas.

La primera lección era muy fácil.   La segunda lección era más difícil que la primera, y la tercera más difícil que la segunda.   Cada nueva lección se hace más difícil que la lección que acabamos de aprender.   Se dice que la última parte del libro es la parte más difícil, pero no lo creo.

Aprendemos muchas palabras de este libro, el que, sin embargo, no tiene más que seiscientas treinta palabras diferentes.   Si hay diez y seis nuevas palabras en cada lección, y si hemos aprendido veinticinco lecciones, ya hemos aprendido al menos cuatrocientas palabras españolas.   Si hemos aprendido estas palabras muy bien, de modo que podemos hablarlas en conversaciones, y escribirlas en cartas y en ejercicios escritos, y comprenderlas al oírlas, entonces hemos hecho buen progreso.   Ya no habla el maestro mucho inglés en la clase.

¿Cuántas palabras hay en este libro?   No las he contado.   No vamos a contarlas.   Pero—¡escuchen Vds. bien!   En cada página hay cerca de treinta y cinco líneas.   Cada línea tiene entre ocho y doce palabras, o, digamos, por lo común cada línea tiene diez palabras.   Por eso, cada página tiene casi trescientas cincuenta palabras ¿no es verdad?

No sé, pero creo que hay cerca de doscientas treinta páginas en este libro.   Entonces, si tengo razón, tenemos doscientos treinta por trescientos cincuenta (230 × 350), o cerca de ochenta mil quinientas palabras en todo el libro.

¿Es que tengo razón?

B. *Translate into Spanish.* 1. How many lines are there on this page? 2. How many Spanish words have you learned already? 3. Have you learned only two hundred and fifty Spanish words? 4. How many pages did you read yesterday afternoon? 5. They say that there are almost five hundred thousand words in the English language. 6. I have had a German dictionary for twelve years. 7. How old are you, Miss Disney? 8. I am sixteen years old. 9. Are you only sixteen years old, Miss Disney? 10. I told you how old I am. 11. Can you count to twenty in Spanish? 12. What is the name of this book? 13. Will you (¿**Quiere Vd.**) explain the last lesson to me again? 14. I couldn't understand it the first time. 15. He was the first man that I saw there. 16. I have written scarcely five hundred Spanish words this year. 17. Nevertheless, our Spanish book is very easy, they say. 18. I shall have to work more. 19. There are five million horses in this country. 20. We reviewed most of the grammar ten days ago. 21. This boy is worse than his brother. 22. She wouldn't tell us anything.

C. *Practice with numerals.*

(a) *Addition.* Example: Tres más siete son diez.

$8 + 11 =$	$9 + 24 =$	$17 + 51 =$	$22 + 38 =$
$5 + 14 =$	$11 + 15 =$	$82 + 18 =$	$208 + 18 =$
$30 + 20 =$	$42 + 12 =$	$92 + 22 =$	$507 + 15 =$

(b) *Subtraction.* Example: Once menos cuatro son siete.

$117 - 16 =$	$32 - 16 =$	$580 - 20 =$	$617 - 117 =$
$714 - 12 =$	$97 - 11 =$	$825 - 12 =$	$962 - 152 =$

(c) *Multiplication.* Example: Doce por tres son treinta y seis.

$2 \times 18 =$	$12 \times 9 =$	$6 \times 17 =$	$2 \times 544 =$
$8 \times 20 =$	$120 \times 10 =$	$7 \times 11 =$	$3 \times 333 =$

(d) *Division.* Example: Veinte dividido por cuatro son cinco.

$18 \div 3 =$	$48 \div 12 =$	$120 \div 15 =$	$63 \div 21 =$
$36 \div 9 =$	$52 \div 4 =$	$220 \div 10 =$	$1000 \div 25 =$

D. *10-minute vocabulary quiz; 4% for each correct answer.*

1. to fear	9. often	17. to swim
2. unless	10. soon	18. to go away
3. old	11. a baker	19. the breakfast
4. easily	12. forty	20. to become
5. worse	13. the hen	21. the watch
6. a review	14. to forget	22. the railroad
7. to doubt	15. the vacation	23. a journey
8. a translation	16. in front of	24. a bathroom
	25. a farmer	

PAST PERFECT INDICATIVE

VOCABULARY

cabeza *f.* head

escritor *m.* writer

estado *m.* state

mundo *m.* world

oportunidad *f.* opportunity

aumentar augment, increase

deber owe; must, ought

emplear employ, use

ganar gain, win; acquire; earn

investigar investigate

famoso famous

a lo más at the most

tal vez perhaps

I. **Haber** (*have*). **Haber** is merely an auxiliary verb, whose principal function is aiding in the formation of perfect tenses. *Have*, denoting possession, is expressed by **tener**.

Haber is conjugated thus in its four primary, indicative tenses:

Present	*Preterit*	*Past*	*Future*
he	hube	había	habré
has	hubiste	habías	habrás
ha	hubo	había	habrá
hemos	hubimos	habíamos	habremos
habéis	hubisteis	habíais	habréis
han	hubieron	habían	habrán

The preterit perfect tense (**hube** + perfect participle) is very seldom used, and is not treated in this book.

II. PAST PERFECT INDICATIVE. The past perfect indicative (*I had seen, they had given, etc.*) is composed, in both English and Spanish, of the past tense of the auxiliary and the perfect participle.

Past perfect indicative of **hacer** and **comer:**

había hecho	había comido
habías hecho	habías comido
había hecho	había comido
habíamos hecho	habíamos comido
habíais hecho	habíais comido
habían hecho	habían comido

III.   WAYS OF EXPRESSING COMPULSION OR OBLIGATION.

(a)   **tener que** + infinitive.   (See Lesson X.)
Tuvimos que contestarles en seguida.

(b)   **es necesario (preciso) que** + subjunctive.   (See Lesson XVII.)
Es preciso que los ayudemos.

(c)   **deber** = owe (*money*); ought, should; must (*supposition*).
Les debo mucho dinero.
Vds. deben volver a casa.
Aquel campesino debe ser muy rico.

(d)   **hay que** + infinitive.   (See Lesson XVI.)
Hay que producir más ovejas este año.

(e)   **haber de** + infinitive = be to, be expected to.   **Haber de** expresses futurity or a slight obligation.
El profesor Figueroa ha de estar allí.
Los campesinos hubieron de pagarlo.

IV.   VARIOUS TENSES OF **hay.**   **Hay** is derived from **ha,** the third person singular of the present tense of **haber.**   All the other tenses conform to the conjugation of **haber.**

Pres.	hay = there is (are)
Pret.	hubo = there was (were)
Past	había = there was (were)
Future	habrá = there will be
Pres. Condit.	habría = there would be
Pres. Perf.	ha habido = there has (have) been
Past Perf.	había habido = there had been

Hubo mucha gente allí.
Había siempre tres páginas en sus cartas.
Había habido gran riqueza en aquel estado.

EXERCISES

A. DICCIONARIOS

Después de que habíamos acabado ayer toda la lección de español, el profesor Tomás nos ha hablado de diccionarios y ha dicho mucho interesante. Aunque este profesor no sea el profesor más famoso del mundo, tiene mucho en la cabeza y puede interesarnos. Dijo:

«Se han investigado casi todas las cosas en el mundo ¿no es verdad? Por ejemplo, se han investigado cuántas palabras diferentes emplea una persona que no ha estudiado en una universidad, y cuántas emplea por lo común una persona que ha estudiado cuatro años en una universidad. Durante los cuatro años en la universidad hay siempre buena oportunidad de leer toda clase de libros, de modo que el vocabulario de los estudiantes se aumenta un poco cada día. Nuevas palabras se ganan muy fácilmente en la universidad. Por eso, al fin de los cuatro años, los buenos estudiantes emplean cerca de nueve o diez mil palabras diferentes, pero el joven, que no tiene esta oportunidad de estudiar en una universidad, no emplea más que cinco mil o, a lo más, seis mil palabras. Se dice que Shakespeare, el escritor más famoso que el mundo ha visto, ha empleado casi veinte mil palabras diferentes. Ha debido conocer mucho más palabras de las que ha empleado.

«Se dice también que la mayor parte de la gente del mundo no tiene que conocer más de tres mil palabras para comprender bien lo que se encuentra en los periódicos y para hablar bastante bien. No sé quién ha contado todas aquellas palabras; debe ser un trabajo largo y difícil.

«Se han investigado también todos los diccionarios en el mundo. Se sabe cuántas palabras tiene cada diccionario. Este diccionario pequeño, que compré en Francia hace tres años, tiene cerca de quince mil palabras diferentes; ese gran diccionario, que el estado dió a nuestra escuela hace dos años, tiene al menos cien mil palabras diferentes.

«Sin embargo, el mejor diccionario español, en donde se encuentran casi todas las palabras españolas, tiene tal vez doscientas mil palabras.

«El inglés, con 480,000 palabras, es la lengua más rica del mundo; el alemán, con cerca de 450,000 palabras, es casi tan rico como el inglés; el francés, se dice, tiene apenas 350,000 palabras.

«Lo más importante para Vds. es que aprendan este año al menos mil palabras españolas. No debe ser muy difícil aprender mil palabras.»

Todo lo que ha dicho era muy interesante. La mayor parte de la clase ha podido comprenderle bien, aunque no ha empleado más que el español. Ha hablado muy distintamente y sencillamente. Ya no es necesario hablar inglés en nuestra clase. Ahora comprendo perfectamente por qué es necesario aumentar lo más pronto posible nuestro vocabulario español.

B. *Translate into Spanish.* 1. How many states are there in this country? 2. How many states were there one hundred years ago? 3. You ought to know, Miss Blanco. 4. Which word is used most in this book? 5. We are supposed to study every word, aren't we? 6. Have you forgotten that she lived in Germany many years ago? 7. What had he done for us? 8. What would he do for them? 9. He will not earn much money in that village. 10. What is the name of that French writer whose book we read last year? 11. He is, perhaps, the most famous writer in France. 12. Her sister has never had the opportunities that we have here. 13. Tell me, Anna, what is the largest city in the world? 14. There isn't anything in his head. 15. How much do I owe them? 16. I shall have to pay it to them at once. 17. They will have the money for us tomorrow morning. 18. Who has investigated all the dictionaries in the world? 19. It must be a long and difficult work. 20. What time is it? 21. We are to be in his office at a quarter to eleven. 22. There are more than two hundred pages in this grammar. 23. People don't have to count them. 24. We know, at the most, five hundred new words.

C. *10-minute quiz; 5% for each correct answer.*

1.	He had seen.	8.	Has she returned?
2.	They had eaten.	9.	Who knows?
3.	I have heard.	10.	Who will know?
4.	I have just written.	11.	ha tenido
5.	I shall give.	12.	habíamos visto
6.	They have returned.	13.	tuvieron
7.	We had seen.	14.	teníamos

15. ¿Cuántos años tenía?
16. ¿Lo han leído?
17. Han hecho todo.
18. ¿Lo ha oído Vd.?
19. habíamos temido
20. Se han acostado.

DAYS—MONTHS—SEASONS

VOCABULARY

estación *f.* station; season
otoño *m.* autumn
pájaro *m.* bird
primavera *f.* spring
salud *f.* health
semana *f.* week
domingo *m.* Sunday
lunes *m.* Monday
martes *m.* Tuesday
miércoles *m.* Wednesday
jueves *m.* Thursday
viernes *m.* Friday
sábado *m.* Saturday
enero *m.* January
febrero *m.* February
marzo *m.* March
abril *m.* April

mayo *m.* May
junio *m.* June
julio *m.* July
agosto *m.* August
septiembre *m.* September
octubre *m.* October
noviembre *m.* November
diciembre *m.* December
cantar sing
gozar de enjoy
seguir(i-i) follow; keep on
bajo low; (*prep.*) under
sobre above, on; about, concerning
¿cuál? ¿cuáles? what? which?

El sol sale. The sun rises.
El sol se pone. The sun sets.
sobre todo above all, especially
Sigue trabajando. He keeps on working.

I. Days. Names of days are masculine; they are not capitalized. The article is usually necessary, except after **ser**. *On Sunday, on Monday, etc.*, are expressed by **el domingo, el lunes,** etc.

el domingo Sunday
el lunes Monday
el martes Tuesday
el miércoles Wednesday

el jueves Thursday
el viernes Friday
el sábado Saturday

El domingo es el primer día de la semana.

Van a visitarlos el miércoles.

Mañana es sábado.

II. MONTHS. Names of months are masculine and are usually used without the definite article.

enero	January	julio	July
febrero	February	agosto	August
marzo	March	septiembre	September
abril	April	octubre	October
mayo	May	noviembre	November
junio	June	diciembre	December

Enero es el primer mes del año.

III. SEASONS. The definite article is usually required before the names of seasons.

la primavera	spring	el otoño	autumn
el verano	summer	el invierno	winter

La primavera es la estación más hermosa del año ¿verdad?

IV. INTERROGATIVE PRONOUN ¿cuál? (¿cuáles?). The question *what is* (*are*), followed by a noun, is expressed by **¿cuál es?** (**¿cuáles son?**).

¿Cuál es el mes más hermoso?

¿Cuáles son los dos estados principales de este país?

Note: *What is*, in asking for a definition, is **¿qué es?**

¿Qué es papel?   ¿Qué es el sol?

EXERCISES

A.   SOBRE LAS ESTACIONES

Las cuatro estaciones se llaman la primavera, el verano, el otoño y el invierno. Cada estación tiene tres meses. Los tres meses del invierno se llaman diciembre, enero y febrero. La primavera sigue al invierno. Los meses de la primavera se llaman marzo, abril y mayo. Los meses del verano son junio, julio y agosto. ¿Cuáles son los meses del otoño?

El año tiene trescientos sesenta y cinco días o cincuenta y dos semanas. Los días de la semana se llaman domingo, lunes, martes, miércoles, jueves, viernes y sábado. El domingo es el primer día de la semana y el sábado es el último día de la semana. Hay seis días de trabajo y un día para descansar.

Todos los días tienen veinte y cuatro horas. Se trabaja por lo común ocho horas; se duerme ocho horas y se come y se juega ocho horas. Para gozar de buena salud, hay que dormir ocho horas; se necesitan ocho horas para comer, leer, charlar y divertirse.

En el invierno hace frío. Nieva cada dos o tres días; por eso los viejos prefieren quedarse en casa. El frío no les gusta a los viejos. A este tiempo son los días más cortos y las noches más largas, sobre todo en el mes de diciembre. En este mes sale el sol a las ocho de la mañana y se pone a las cuatro de la tarde. Para los viejos es un tiempo muy triste, pero hay muchos muchachos que prefieren el invierno a todas las otras estaciones.

En la primavera los días se hacen siempre más largos y las noches más cortas. El sol sale más temprano y se pone más tarde. En abril se ven las primeras flores; los pájaros vuelven a cantar en los árboles y gozamos de la parte más hermosa de todo el año.

El verano es también una estación hermosa. En el verano el sol sale muy temprano y se pone muy tarde. El veinte y uno de junio es por lo común el día más largo del año. El sol sale aquel día a las cuatro de la mañana y se pone a las ocho y media de la noche. Los muchachos no tienen que ir a la escuela durante las vacaciones largas del verano y pueden jugar todo el día. Hace mucho calor en el verano y por eso esta estación les gusta a los viejos, quienes pueden quedar sentados bajo los árboles todo el día para mirar las flores y escuchar los pájaros.

En el otoño se abren otra vez las escuelas. Ya empieza a hacer fresco y uno puede trabajar un poco más sin cansarse. También se puede dormir mejor que en el verano. Prefiero el otoño a las otras estaciones.

B. *Translate into Spanish.* 1. We have enjoyed our vacation here. 2. It must be very hot there in summer. 3. We shall see them on Wednesday. 4. It rained on Sunday, didn't it? 5. At what time does the sun rise tomorrow? 6. The sun had already set. 7. The sun has set. 8. Our friends were sitting under the tree behind our house. 9. We ought to visit them

again next spring. 10. I like autumn especially. 11. I shall
have to write something about Chile. 12. They kept on helping
the old man. 13. Tell me the names of the summer months!
14. What is the name of the last month of the year? 15. The
birds were singing in all the trees. 16. Can't you stay with us
until October? 17. They would like to sing in our church.
18. How old is the girl who wants to sing with us? 19. She
sang in this city three years ago, didn't she? 20. We shall have
to give her more money. 21. Which is the longest day in the
year? 22. I told him that he had smoked too much.

C. *10-minute quiz on adverbs; 5% for each correct answer.*

1. generally
2. why
3. finally
4. everywhere
5. almost
6. more or less
7. correctly
8. often
9. immediately
10. gladly
11. tomorrow morning
12. at the same time
13. later
14. therefore
15. not yet
16. carefully
17. principally
18. hardly
19. sometimes
20. as simply as possible

FUTURE PERFECT INDICATIVE—PERFECT CONDITIONAL

VOCABULARY

alcoba *f.* bedroom	**alto** high
cuadro *m.* picture	**bonito** pretty
escalera *f.* stairway	**caliente** hot
palacio *m.* palace	**común** common, ordinary
piso *m.* story, floor	**estrecho** narrow
silla *f.* chair	**ninguno (ningún)** not any, no, none
suelo *m.* floor	
bajar go down	**ni . . . ni** neither . . . nor
rodear surround	**sino** (*conj. after negatives*) but; except
subir go up, climb	

el piso bajo ground floor
el piso alto second floor

I. FUTURE PERFECT INDICATIVE. The future perfect tense (*I shall have been, they will have bought, etc.*) is not much used in either English or Spanish. In both languages it is composed of the future of the auxiliary and the perfect participle.

aprender	*escribir*
habré aprendido	habré escrito
habrás aprendido	habrás escrito
habrá aprendido	habrá escrito
habremos aprendido	habremos escrito
habréis aprendido	habréis escrito
habrán aprendido	habrán escrito

Antes de salir, habré escrito más de veinte cartas.

II. PERFECT CONDITIONAL. The perfect conditional is derived from the future perfect indicative and, in both English and

Spanish, these two tenses resemble each other very closely. Just as the future perfect indicative tells what *will have happened*, the perfect conditional tells what *would have happened* (*I would have seen it, they would have doubted it, etc.*). In both English and Spanish, the perfect conditional is composed of the present conditional of the auxiliary and the perfect participle.

ver	*dudar*
habría visto	habría dudado
habrías visto	habrías dudado
habría visto	habría dudado
habríamos visto	habríamos dudado
habríais visto	habríais dudado
habrían visto	habrían dudado

III. **Ninguno.** **Ninguno** becomes **ningún** before a masculine singular noun.

Ningún hombre lo ha visto.

IV. **Sino.** **Sino** is used only after negative clauses and expresses *but, on the contrary*.

EXERCISES

A.   NUESTRA CASA

En junio del año próximo mis padres habrán vivido en su casa trece años, lo que muestra que es una casa a su gusto. Habrían podido comprar otra casa hace dos años, pero mi madre dijo:— ¡Quedémonos aquí! Aunque esta casa no sea tan enorme como la Casa Blanca en Washington, me gusta mucho, sin embargo, y no querría vivir en otra. Me siento en casa aquí.

Nuestra casa se encuentra en una calle estrecha; por eso no pasan muchos automóviles por aquí. Como todas las otras casas en la calle no es una casa hermosa, sino bonita; no es ni un palacio caro ni un edificio grande, sino una casa barata y pequeña. Es una casa común. Rodeada de árboles y flores, es fácil comprender por qué la amamos tanto.

Tiene, como las demás en nuestra calle, dos pisos—un piso bajo y un piso alto. No tiene más que cinco cuartos. En el piso bajo se hallan la sala, la cocina y el comedor; en el piso alto se hallan dos alcobas y el cuarto de baño. Hay agua caliente y fría en el cuarto de baño y en la cocina. Hay buenos suelos y paredes bonitas en todos los cuartos, menos en la cocina.

¿Cómo se sube y se baja en nuestra casa? Hay una escalera para subir al piso alto y bajar al piso bajo. Esta escalera no es ancha, sino muy estrecha, lo que no es de ningún modo a nuestro gusto. Es casi imposible que una persona baje y otra persona suba a la vez.

Porque no hay ningún ferrocarril cerca de nuestro pueblo y no muchos automóviles, podemos descansar y dormir bien. Gozamos de esta vida sencilla que nos da buena salud. No querríamos y no podríamos vivir en una gran ciudad.

B. *Translate into Spanish.* 1. What would your friend have done? 2. Would he have given it to them? 3. We shall have learned five hundred Spanish words before January. 4. Who is to sing tonight? 5. Her cousin was to sing, but she has not arrived yet. 6. Would you like to live near a railroad? 7. Is there a station in your village? 8. I wouldn't have bought that house. 9. It must be very small. 10. They weren't earning enough money to buy a larger house. 11. How many rooms are there in your house? 12. Haven't you any bathroom on the first floor? 13. He said he would become famous. 14. Every house has hot and cold water in the kitchen. 15. There isn't a house in our whole village, nevertheless, that has hot and cold water. 16. On going up the stairway, he met her. 17. They surrounded the city, so that our friends couldn't leave. 18. They had only four chairs in their dining room. 19. My cousins used to live on a very pretty street. 20. She would have taken everything except the table and the chairs in the dining room. 21. The floors of their bedrooms had become very bad. 22. The bathroom wasn't on the ground floor, but on the second floor.

C. *10-minute quiz; 5% for each correct answer.*

1.	hot water	6.	The sun was setting.
2.	a large picture	7.	The sun had set.
3.	a grand palace	8.	to your health
4.	last week	9.	before arriving
5.	eleven weeks ago	10.	Did he answer?

11. al bajar
12. ningún dinero
13. ni ancho ni estrecho
14. rodeado de flores
15. muy de prisa
16. ¿Qué es un palacio?
17. sin enseñárselo a él
18. Va a llover.
19. mi hermano mayor
20. de vez en cuando

LESSON XXX

SURVEY OF MOODS AND TENSES

VOCABULARY

algodón *m.* cotton
americano (-a) *m.* (*f.*) American; *also adj.*
mexicano (-a) *m.* (*f.*) Mexican; *also adj.*
corbata *f.* necktie
fábrica *f.* factory
lana *f.* wool
mano *f.* hand

media *f.* stocking
niño (-a) *m.* (*f.*) child
sastre *m.* tailor
sastrería *f.* tailor shop
seda *f.* silk
eso (*pron.*) that
a pesar de in spite of
en vez de instead of

trajes hechos ready-made suits
hecho a mano made by hand

I. MOODS. A thought or idea may be expressed in Spanish in any one of four moods: indicative, conditional, subjunctive, or imperative.

Moods, as the name indicates, express in a large measure the state of mind of the speaker.

(a) The indicative mood is used to state facts. The person framing the sentence is in a positive mood. The indicative mood can express the time of the action in all eight tenses, namely:

Primary Tenses	*Perfect Tenses*
present	present perfect
preterit	preterit perfect
past	past perfect
future	future perfect

Viene a casa; vino a casa; ha venido a casa, etc.

(b) The conditional mood is used to state what *would be* or

136

would have been (*would see, would have seen; would write, would
have written, etc.*).   The fulfillment of the chain of actions is
shown as contingent on the occurrence of some basic action; the
basic action is always a condition (an "if" clause), expressed or
understood.

> He would fall.   (if I didn't hold him; if he tried it)
> He would have fallen.   (if I hadn't held him, *etc.*)

As we readily see, there can be two, and only two, tenses in the
conditional mood: the present and the perfect.

> I would send it.   (Lo mandaría.)
> I would have sent it.   (Lo habría mandado.)

(c)   Whereas the indicative mood expresses fact or certainty,
the subjunctive mood is used to express uncertainty or doubt in
the mind of the speaker or writer as to the absolute truth of his
statement; it is used to state even something contrary to fact.

> I fear she has forgotten it.   (Temo que lo haya olvidado.)
> If she had forgotten it, she would have told me.   (This
> gives the idea that she did not forget it, and that she did
> not tell me.)

The subjunctive mood in Spanish has four tenses:

> present   present perfect
> past   past perfect

I hope that he finds it.   (que lo halle)
I hoped that he would find it.   (que lo hallara)
I hope that he has found it.   (que lo haya hallado)
I hoped that he had found it.   (que lo hubiera hallado)

(d)   The imperative mood also denotes the mood of the speaker.
He is imperious, he gives commands.   The Spanish verb can express commands to persons addressed as tú, vosotros, Vd., and Vds.

tú	*vosotros*	*Vd.*	*Vds.*
¡Escribe!	¡Escribid!	¡Escriba Vd.!	¡Escriban Vds.!
¡No escribas!	¡No escribáis!	¡No escriba Vd.!	¡No escriban Vds.!

| ¡Habla! | ¡Hablad! | ¡Hable Vd.! | ¡Hablen Vds.! |
| ¡No hables! | ¡No habléis! | ¡No hable Vd.! | ¡No hablen Vds.! |

II. TENSES.   The Spanish tense usage is practically the same as the English.   The following differences should be noted.

(a)   Spanish uses the past (imperfect) tense to express a continued, customary, or habitual action in the past.   The past tense is often used descriptively, equivalent to the English progressive *was* or *were* with the present participle.

Los niños jugaban.	The children were playing.
Jugaba muchas veces con él.	I often played with him.
Iba allí todos los días.	I used to go there every day.

(b)   While Spanish has progressive tenses (Lesson XXIV), they are used less than in English, since the simple Spanish tenses may also express the progressive idea.

Mi amigo estudia.	My friend studies, *or*
	My friend is studying.
¿Qué lee Vd.?	What are you reading?
¿Qué leía Vd.?	What were you reading?

III.   PRESENT SUBJUNCTIVE OF **haber**.   This tense of **haber** is used mostly, of course, as the auxiliary verb in forming the present perfect subjunctive.

haya	hayamos
hayas	hayáis
haya	hayan

Espero que hayan llegado a Madrid.
No creo que ellos lo hayan tomado.

IV.   COMPLETE CONJUGATION OF **comprar**   (page 170). Take a large sheet of unruled paper and on one side of it copy, in ink, the complete conjugation of **comprar,** taking care to name the tenses and arrange them exactly as shown.   After making this copy, discuss in class the moods and their tenses.   Discuss the possibility or impossibility of other moods or of other tenses.

How can the Chinese express themselves with no moods and no tenses, the basic verb form always remaining unchanged?

Secondly, discuss the symmetry of the Spanish verb with its four primary tenses and its four perfect tenses. Why are they called perfect tenses?

Lastly, explain the location of the present conditional tense opposite the future indicative. Explain, too, why the perfect conditional stands where it does.

EXERCISES

A. LA ROPA MEXICANA

— Vd. ha viajado mucho en México ¿verdad?

— Eso es, señora, mucho. Conozco aquel país bastante bien.

—¿No es Vd. americano?

— Sí, señora, he pasado la mayor parte de mi vida en los Estados Unidos.

— A pesar de haber vivido en los Estados Unidos, Vd. habla español muy bien. ¿Cómo se explica eso?

— Se explica de este modo. En vez de pasar mis vacaciones en Vermont o Florida, las he pasado todas en países de lengua española.

— De modo que aquellos países deben gustarle ¿verdad?

— Sí, señora, todos me gustan, pero México sobre todo.

— Yo vivo en Venezuela. He viajado por toda la América del Sur, he estado en Alemania, Italia, Francia, Inglaterra y muchas veces en los Estados Unidos, pero nunca en México. Nadie me ha dicho que sea un país interesante. ¡Dígame algo sobre México, si Vd. no tiene prisa!

— Con mucho gusto, señora. No tengo prisa nunca, cuando se me de la oportunidad de hablar de mi México querido. Hay muchas diferencias entre los americanos y los mexicanos, entre las americanas y las mexicanas, entre los niños americanos y los niños mexicanos, entre la vida americana y la vida mexicana. El país más rico del mundo son los Estados Unidos; México es uno de los más pobres. La seda no se produce en México y la seda es cara. Por eso en México no se ven medias y vestidos de seda sino en Monterrey, Puebla,

la Ciudad de México y otras grandes ciudades. Casi toda la
ropa se hace o de lana o de algodón. En vez de llevar medias
de seda, las mexicanas llevan por lo común medias de algodón.
La mayor parte de los hombres llevan corbatas y camisas de
lana o de algodón.

—¿Dónde y cómo se hacen los trajes y gabanes en México?

— No se encuentran muchas fábricas allí; por eso casi toda la
ropa se hace a mano en casa o en sastrerías.

—¿Hay sastres en un país tan pobre como México?

— Sí, señora, hay muchos, hasta en los pueblos. El anuncio
«Trajes hechos» no se ve mucho en México porque no hay
fábricas para hacerlos. A pesar de todo eso, los mexicanos
se visten muy bien. Por todas partes en el campo se ven
ovejas que dan lana. Por eso, la lana es muy barata y se
emplea más en México que en los Estados Unidos. Casi toda
la ropa de los niños es de lana, sobre todo en el campo.

— Muchas gracias, señor.   Yo habría viajado en **México** también, pero nadie me había dicho que es un país tan interes-
sante. Siento mucho que no haya hecho al menos un viaje
allí.

B. *Translate into Spanish*. 1. The children were wearing
white stockings. 2. Instead of buying a silk necktie, he bought
a woolen shirt. 3. What does that mean? 4. There were
few factories in Juarez when I was there. 5. In spite of that,
everyone dressed well. 6. American women wear lots of silk
stockings. 7. I wouldn't have bought a ready-made suit
in Chile. 8. There were tailor shops in almost every street.
9. What is the name of the tailor who made your overcoat?
10. Did he make it by hand? 11. His tailor shop was on the
second floor, wasn't it? 12. I remember that I had to go up
two flights of stairs. 13. I didn't chat with him, but with his
wife. 14. They had only one bedroom. 15. Some children
were playing on the kitchen floor. 16. There wasn't a picture
in their living room. 17. One must read the advertisements
too. 18. Before dying, he gave them to her. 19. She will
give them to him, won't she? 20. Her son had made several
trips to South America. 21. I hope you have reviewed that
lesson. 22. Which pictures do you prefer? 23. What is that?

C. *10-minute quiz on infinitives; 5% for each correct answer.*

1. instead of helping us
2. before going home
3. in order to open them
4. without selling it to her
5. after finishing it
6. in spite of knowing it
7. After getting up, I . . . .
8. After getting up, we . . . .
9. After shaving, they . . . .
10. In order to dress, she . . . .
11. Before sitting down, he . . . .
12. without taking them
13. instead of describing her to me
14. in order to live
15. on opening it
16. after telling it to her
17. Before taking leave, we . . . .
18. Before taking leave, you . . . .
19. on waking them
20. instead of looking at her

PAST SUBJUNCTIVE

VOCABULARY

dólar *m*. dollar

fiesta *f*. festival, holiday

habitante *m*. inhabitant

higuera *f*. fig tree

jardín *m*. garden

naranjo *m*. orange tree

norte *m*. north

olivo *m*. olive tree

sur *m*. south

ahorrar save

alegrarse (de) be glad (to);

— de que be glad that

bailar dance

reír(i–i) laugh

natural natural

pintoresco picturesque

un día de fiesta a holiday

I. Past Subjunctive. Every Spanish verb has two past subjunctives, one taking the so-called **-ra** endings, and the other the so-called **-se** endings.

(a) First conjugation verbs form the past subjunctive by adding the **-ara** or the **-ase** endings to the root of the third person plural of the preterit tense. These endings are:

—ara, —aras, —ara, —áramos, —arais, —aran

—ase, —ases, —ase, —ásemos, —aseis, —asen

-ara endings

comprara	compráramos
compraras	comprarais
comprara	compraran

-ase endings

comprase	comprásemos
comprases	compraseis
comprase	comprasen

(b) Second and third conjugation verbs from the past subjunctive by adding the **-iera** or the **-iese** endings to the root of the third person plural of the preterit tense. These endings are:

—iera, —ieras, —iera, —iéramos, —ierais, —ieran

—iese, —ieses, —iese, —iésemos, —ieseis, —iesen

-iera endings		-iese endings	
comiera	comiéramos	viviese	viviésemos
comieras	comierais	vivieses	vivieseis
comiera	comieran	viviese	viviesen

The above rules cover practically all verbs having irregular preterit tenses. For example:

Verb	*Preterit*	*Past Subjunctive*
haber	hubieron	hubiera *or* hubiese
dormir	durmieron	durmiera *or* durmiese
estar	estuvieron	estuviera *or* estuviese
hacer	hicieron	hiciera *or* hiciese
poder	pudieron	pudiera *or* pudiese
sentir	sintieron	sintiera *or* sintiese
tener	tuvieron	tuviera *or* tuviese

II. IRREGULAR PAST SUBJUNCTIVES

decir	dijeron	dijera *or* dijese
ir	fueron	fuera *or* fuese
ser	fueron	fuera *or* fuese
leer	leyeron	leyera *or* leyese
traer	trajeron	trajera *or* trajese

III. PAST SUBJUNCTIVE IN MAIN CLAUSES.

Although the past subjunctive is used mostly in dependent clauses, the **-ra** form is often used in main clauses. The verbs **querer, poder,** and **deber** are most frequently used in this way.

Quisiera visitarlos.	I would like to visit them.
Vd. no pudiera llevarlo.	You couldn't carry it.
Debiéramos aprenderlo.	We ought to learn it.

IV. Deber.

Debo and **debiera** both mean *I must, I ought to,* or *I should;* however, the past subjunctive form (**debiera**) is not so forceful or obligatory as the indicative form (**debo**); neither of these forms is as strong as **tener que.**

Vd. debe dárselo a ellos.	You must give it to them.
Vd. debiera mostrarlos.	You ought to show them.

V. Past Subjunctive in Dependent Clauses. The past subjunctive is usually introduced by a main clause that is in a past tense (past, preterit, or past perfect) or the conditional mood. Either the **-ra** or the **-se** endings may be thus used.

They feared that he would buy it.	Temieron que él lo comprase.
We were hoping that she would go home.	Esperábamos que ella fuera a casa.
I had hoped that they had it.	Había esperado que lo tuviesen.
We would be afraid that he took them.	Temeríamos que él los tomara.

VI. **Alegrarse** (de + Infinitive) (**de que** + Subjunctive).

Me alegro de eso.	I am glad of that.
Me alegro de volver a casa.	I am glad to return home.
Me alegro de que Vd. lo tenga.	I am glad that you have it.

EXERCISES

A.   VAMOS A VIAJAR POR MEXICO

— Sus padres quisieran hacer un viaje a México ¿no es verdad, Alberto?

— Sí, señor, y yo también.   Esperábamos que fuese posible este verano pero mi padre ha estado muy enfermo durante el invierno pasado.   Por eso no tenemos bastante dinero. Me alegro de que él se encuentre mucho mejor ahora.

— Me alegro muchísimo de oírlo.   Ya tiene Vd. diez y siete años, Alberto.   ¿No pudiera Vd. trabajar unas horas cada día y de este modo ayudar a sus padres?

— Sí, señor, he pensado en eso.   Quisiera trabajar tres o cuatro horas al día.   Naturalmente no quiero trabajar los domingos o los días de fiesta.

— De modo que Vd. pudiera ahorrar en un año trescientos o tal vez cuatrocientos dólares ¿verdad?

— Creo que sí, señor.   Los ahorraré cuidadosamente para que podamos hacer ese viaje.

—¿Querría Vd. que le dijera algo sobre México?

— Sí, señor, me alegraría preguntarle muchas cosas, porque no sé nada de los otros países del mundo. Por ejemplo ¿cuántos habitantes tiene México?

— México tiene casi veinticinco millones de habitantes.

— Hay mucha gente en México. Deben de haber muchas grandes ciudades en aquel país.

— Hay muchas ciudades, naturalmente, pero solamente cuatro que tienen más de cien mil habitantes, la Ciudad de México, Guadalajara, Monterrey y Puebla. Otras ciudades importantes son Aguascalientes, Saltillo, Vera Cruz, Acapulco, Orizaba, Toluca, Morelia y Oaxaca.

— Es la primera vez que he oído hablar de la mayor parte de estas ciudades. México debe de ser mucho más grande e interesante de lo que pensaba. Quisiera saber, señor, por qué se habla siempre de «México pintoresco.» ¿Es ese país tan pintoresco?

— Es muy natural llamar un país o una ciudad bonito o hermoso o pintoresco. Por ejemplo, todo el mundo dice «Joli Paris» y «la Belle France.» México es pintoresco en el norte, en el sur, por todas partes. No hay inviernos largos y fríos en México como los tenemos en los Estados Unidos. Es como un jardín enorme, donde hace sol y hace calor casi todo el año. Se ven olivos, naranjos, higueras por aquí, por allí, por todas partes. Le digo que México me gusta.

— Lo veo, señor. Vd. no tiene que decírmelo. He leído que los mexicanos son muy pobres. ¿Es una gente alegre?

— Sí, Alberto. México es muy pobre, pero no hay ninguna gente en el mundo más alegre que la gente mexicana, sobre todo, que los habitantes del sur de México. Trabajan mucho, pero siempre lentamente. Tienen todos los años al menos cien días de fiesta; bailan, cantan, ríen mucho más que los americanos. Los americanos tienen casi todo el dinero del mundo pero no saben descansar y gozar de la vida. Los mexicanos saben olvidar el dinero y trabajo para divertirse. Se alegran de vivir. Ya sabe Vd. ahora por qué amo a México y a los mexicanos.

— Sí, señor, comprendo. ¡Qué lástima que no pudiéramos ir allí el año pasado!

B. *Translate into Spanish.* 1. It would cost at least five hundred dollars. 2. He laughed when I told him there were orange trees in front of our house. 3. There were fig trees and olive trees too. 4. There are many holidays everywhere in Mexico. 5. I was hoping that we might have a holiday next week. 6. Why is it called a picturesque country? 7. Could you finish your work tomorrow morning? 8. Our fig trees are getting very old. 9. Your garden will be very pretty next year. 10. We were glad to hear that. 11. I should like to save three hundred dollars in the next six months. 12. Would you like to make such a trip by auto? 13. He did not think that the inhabitants were poor. 14. I shall try to save a hundred dollars. 15. Before he left, he gave it to her. 16. I didn't think that it was worth a dollar. 17. The Spanish teacher asked us to read it at once. 18. Everyone believed that he was doing it. 19. I wanted him to buy grapes, figs, and oranges. 20. How many lines are there on this page? 21. There were scarcely two hundred pages in that book that we read so fast. 22. I didn't dance with her, because she couldn't dance.

C. *10-minute quiz; 5% for each correct answer.*

1. unless he comes
2. unless he said it
3. unless they sold it
4. unless he was sick
5. unless you took it
6. I got up early.
7. I was hungry.
8. We were in a hurry.
9. It had snowed.
10. It would please them.
11. ¿Quisiera Vd. verlos?
12. ¿Pudieran comprarlo?
13. ¿Cómo se llaman?
14. Se vistieron.
15. Lo habíamos puesto allí.
16. Me ponía cansado.
17. Nos habíamos despedido.
18. ¡Siéntese Vd.!
19. Acabo de desayunarme.
20. ¿Por qué se van?

D. *Copy on one side of a large sheet of unruled paper, in ink, exactly as it appears on page 171, the verb* **comer**.

LESSON XXXII

SIMPLE CONDITIONS—PRESENT UNREAL CONDITIONS

VOCABULARY

memoria *f.* memory	**regañar** scold
práctica *f.* practice	**entero** entire
repetición *f.* repetition	**lleno** full
aconsejar advise	**solo** only
bastar suffice, be enough	**vacío** empty
copiar copy	

de memoria by heart
de ningún modo at all
por última vez for the last time

I. SIMPLE CONDITIONS. A sentence is called a simple or real condition when nothing is implied as to fulfillment. In such sentences the dependent "if" clause is called the condition, and the main clause is called the conclusion. Both clauses of simple conditions are put in the indicative mood.

Si llueve, me quedaré en casa. If it rains, I shall stay at home.

Me lo dará, si lo compra. He will give it to me if he buys it.

II. UNREAL CONDITIONS. Unreal conditions may be divided into two general classes.

(a) Present Contrary to Fact (or Future less Vivid).

If he were a lawyer, he would not do that.
He would go to Chile if he had enough money.

(b) Past Contrary to Fact.

147

If he had been a lawyer, he would not have done that.
He would have gone to Chile if he had had enough money.

III.   PRESENT CONTRARY TO FACT (or Future less Vivid).   This type of condition implies that the "if" clause is now unfulfilled, or that the possibility of its fulfillment is remote.

> Si estuviera (estuviese) aquí, nos ayudara (ayudaría).
> If he were here, he would help us.

> Si lo tuviera (tuviese), lo vendiera (vendería).
> If he had it, he would sell it.

> Lo escribiera (escribiría), si fuera (fuese) necesario.
> I would write it if it were necessary.

In the "if" clause of sentences of this type, either the **-ra** or **-se** form of the past subjunctive is used.

In the conclusion of sentences of this type, either the **-ra** form of the past subjunctive or the present conditional may be used.

(Past Contrary-to-Fact Conditions will be treated in a later lesson.)

IV.   INFINITIVE USED AS NOUN.   The infinitive may be used as a noun; when used thus, it usually stands first in the sentence.

> El escribir no es cosa sencilla.   Writing is no simple matter.

EXERCISES

A.   EL APRENDER DE UNA LENGUA EXTRANJERA

¿Qué es preciso hacer para aprender una lengua extranjera? Primero hay que tener un buen diccionario. Yo he estudiado el francés y el alemán tres años antes de poder comprar buenos diccionarios. Si Vds. tuvieran diccionarios, podrían hacer mucho mejor progreso. Hay que aprender muchas palabras de memoria y aprender a emplearlas también. Si deseamos escribir cartas y hablar en español, tenemos que conocer cerca de mil palabras y saber emplearlas correctamente. El aprender de una lengua extranjera no es, por eso, una cosa sencilla.

Nuestro maestro nos regañó un poco esta mañana. Dijo: «¿Por qué están sus cuadernos tan vacíos?   ¿No les he aconsejado escribir palabras y siempre más palabras en sus cuadernos? Algunos no han escrito una sola palabra en sus cuadernos, que están enteramente vacíos; estos alumnos no han estudiado de ningún modo. Otros han escrito cerca de cien palabras. Muy pocos han escrito más de cuatrocientas palabras, y eso no basta. Por última vez les aconsejo a Vds. que hagan una nueva lista de palabras todos los días, y que escriban estas nuevas palabras en sus cuadernos y que las aprendan de memoria. Si las pronunciaran tres veces, las aprenderían mejor. ¿Por qué no copian Vds. las palabras que yo escribo en la pizarra? ¿Es demasiado trabajo? Si quieren aprender el español, es preciso trabajar. ¡Copien Vds. las palabras en la pizarra no solamente una vez, sino hasta cinco veces! Un buen vocabulario se gana solamente con mucha repetición.

«Los cuadernos vacíos no pueden ayudarlos a aprender el español. Cuando encuentro un cuaderno vacío, sé en seguida que ese alumno no ha estudiado de ningún modo. Es solamente por la práctica y la repetición que se hace progreso en una lengua extranjera. Cuanto menos oportunidad uno tiene de hablar, más necesario es hacer listas de palabras, leer libros, escribir cartas, traducir ejercicios y estudiar las reglas de la gramática. Sobre todo, se trata de repetición.

«Cuanto más se oye, se ve, se escribe o se emplea una palabra, mejor se conoce y se comprende. Al fin la conocemos enteramente y podemos emplearla perfectamente, casi sin pensar.

«¿Es que cada alumno me ha comprendido? No quisiera regañarlos a Vds. otra vez. ¿Qué hay que hacer para aprender una lengua extranjera?

  (a) comprar un diccionario
  (b) hacer listas de palabras
  (c) tener mucha práctica y repetición
  (d) aumentar siempre el vocabulario
  (e) buscar oportunidades de hablar.»

B. *Translate into Spanish.* 1. How many word lists have you made? 2. I have copied only the English words. 3. If you copy only English words, you will not learn much Spanish. 4. I would learn Spanish faster, if I studied every lesson. 5. I advise my classes to learn these short sentences by heart. 6. I shall not attend class tomorrow morning if he scolds me today.

7. Why is repetition so necessary when one is learning a foreign language?   8. I can't explain it to you, Mrs. Ruiz.   9. I shall explain it to them for the last time.   10. Five hundred dollars will not be enough.   11. We shall have to have a thousand dollars more if we buy it.   12. You ought to buy it at once, before it gets more expensive.   13. He wouldn't have sold me that Spanish dictionary.   14. There were orange trees in the garden.   15. He enjoyed everything in southern Mexico.   16. The inhabitants of Saltillo dance and sing and play and laugh a great deal.   17. They must be very happy.   18. Who is to sing here tonight?   19. I have heard it said that she sings very well.   20. I am glad that we don't have a hundred holidays every year.   21. Every child in France and Germany has to study at least two foreign languages.   22. Did you know that Vera Cruz and Puebla have so many beautiful buildings?

C.   *10-minute quiz on nouns and adjectives; 5% for each correct answer.*

1.	French gloves	11.	the largest university
2.	careful work	12.	a red necktie
3.	easy exercises	13.	some long sentences
4.	a wool overcoat	14.	a polite boy
5.	these silk stockings	15.	a pretty child (*f.*)
6.	the last time	16.	a beautiful church
7.	a busy man	17.	the big river
8.	an important rule	18.	hot water
9.	an old olive tree	19.	sad news
10.	the best horses	20.	a large bookstore

D.   *Copy on one side of a large sheet of unruled paper, in ink, exactly as it appears on page 172, the verb* **vivir**.

DEMONSTRATIVE PRONOUNS—POSSESSIVE PRONOUNS

VOCABULARY

arte *m.* (*in sing.*), *f.* (*in plur.*) art
artista *m.* artist
banco *m.* bank
casa de correos *f.* post office
cine *m.* "movies," moving-
  picture theater
galería *f.* gallery
hotel *m.* hotel
metro (ferrocarril subterráneo)
  m. subway

museo *m.* museum
pintura *f.* painting
plaza *f.* square (public)
rey *m.* king
reina *f.* queen
teatro *m.* theater
antiguo ancient, old
magnífico magnificent
moderno modern
tranquilo tranquil

I. DEMONSTRATIVE PRONOUNS. The demonstrative pronouns, masculine and feminine, have written accents to distinguish them from the demonstrative adjectives.

	Singular	*Plural*
this, these (*near me*)	éste, ésta	éstos, éstas
that, those (*near you*)	ése, ésa	ésos, ésas
that, those (*yonder*)	aquél, aquélla	aquéllos, aquéllas

Este hombre y aquél son mis amigos.

II. NEUTER DEMONSTRATIVE PRONOUNS. The neuter forms **esto** (*this*), **eso** (*that*), and **aquello** (*that*) do not refer to nouns, but to some general idea.

Esto no me interesa.
¿Qué quiere decir eso?
Aquello no nos gusta.

III. **El, la, lo, los, las** USED AS DEMONSTRATIVE PRONOUNS. Spanish uses **el, la, lo, los, las**, instead of the regular demonstrative pronouns, before a relative clause or a phrase beginning with **de.**

> No me dió lo que quise.
> El que me lo dijo vive cerca de aquí.
> Tengo mi reloj y el de Juan.

IV. **Éste** (*the latter*); **aquél** (*the former*). **Éste** may mean "the latter" and **aquél** "the former." In Spanish, "the latter" is mentioned first.

> Hay mucho que ver en las ciudades de Barcelona y Madrid; en ésta (Madrid) los museos, en aquélla las fábricas.

V. POSSESSIVE PRONOUNS. The possessive adjectives **mi, tu, su, nuestro, vuestro** have corresponding possessive pronouns. Possessive pronouns must agree with their antecedents in gender and number.

mi	el mío, la mía	los míos, las mías
tu	el tuyo, la tuya	los tuyos, las tuyas
su	el suyo, la suya	los suyos, las suyas
nuestro	el nuestro, la nuestra	los nuestros, las nuestras
vuestro	el vuestro, la vuestra	los vuestros, las vuestras

> Juanita ¿por qué no lees mi libro y el tuyo también?
> Vamos a ver a nuestros amigos y a los vuestros.
> No dieron nada a mi hijo ni al suyo.

El suyo (*his, hers, theirs, yours*) is, in case of any possible misunderstanding, replaced by

el de él	la de ellos	lo de Vds.
el de ella	las de ellas	los de Vd., etc.

> Pienso en mis padres y en los suyos.   (los de ella)
> Tomó mis zapatos en vez de los suyos.   (los de él)
> Iba a comprar nuestras gallinas y las suyas.   (las de Vds.)

EXERCISES

A.   CONVERSACIÓN SOBRE MADRID

—¡Buenas tardes, Roberto! ¿Qué tal?

— Muy bien, señor. ¿Cómo le va a Vd.?

— Como siempre, muy bien. Juego un poco, duermo más y como demasiado. Ya tengo casi sesenta años; por eso no hay mucho que yo pueda hacer. Acabo de leer mis periódicos de Barcelona y Madrid. Este periódico es muy interesante, pero aquél no vale nada.

—¿Qué quiere decir eso, señor?

— Eso quiere decir, Roberto, que hay gran diferencia entre los periódicos de Barcelona y los de Madrid; éstos están llenos de noticias, aquéllos de anuncios. No debiera comprar el de Barcelona nunca.

—¿Vd. quiere decirme, señor, que un periódico que no da noticias de Madrid, no vale nada?

— Eso es, Roberto. Vd. piensa en su ciudad, y yo en la mía. Vd. piensa en sus amigos, yo en los míos. Es natural ¿no es verdad?

— Sí, señor. Vd. tiene razón. Pero, señor, no comprendo por qué es que Vd. ama a Madrid tanto. ¿Cómo se explica eso?

— Hay muchas cosas, Roberto, que no se pueden explicar. Hay muchas cosas de mi vida pasada que no quiero recordar. Le diré, sin embargo, que conozco a Madrid como mis manos, habiendo vivido allí unos años. Es una ciudad magnífica. Por ejemplo, el hotel Palacio es, se dice, el hotel más hermoso y caro de Europa. El edificio de la Compañía Internacional de Teléfonos es el más alto de todos los edificios de esta clase en Europa. Y el metro de Madrid; no hay mejor subterráneo en el mundo entero. Aunque no sea tan grande como los de Nueva York, Londres, París y Boston, es más hermoso. He viajado desde la calle Jorge Juan hasta la Puerta del Sol mil veces.

—¡Dispénseme, señor! ¿Qué es la Puerta del Sol?

— Es una de las cincuenta y cuatro plazas que se encuentran en Madrid. La Puerta del Sol, el centro de la ciudad, es la más famosa de todas en España; la Plaza de Cataluña en Barcelona es más grande y, tal vez, más hermosa; ésta está rodeada de edificios modernos, aquélla de edificios antiguos.

—¿Hay muchos teatros y cines en Madrid?

— Sí, muchísimos (*very many*). Los teatros se encuentran, sobre todo, en el centro de la ciudad, pero hay cines por todas partes. Hay dos teatros en Madrid que pueden tener, cada uno, más de cinco mil personas. Madrid y Barcelona son ciudades de más de un millón de habitantes.

—¿Ha visto Vd. al rey y a la reina de España?

— Muchas veces, cuando daban paseos en auto en el Prado, en la Avenida Castellana y otras calles. He visto al rey Alfonso cuando entraba en el Banco de España. Como Vd. sabe ya, murió hace unos años.

—¿Hay muchos edificios magníficos allí, como en París?

— Naturalmente; es una hermosa y moderna ciudad, con magníficos edificios. Su museo del Prado es uno de los mejores del mundo, teniendo más pinturas de los viejos maestros, artistas como Velázquez, Rubens y Murillo, que las galerías famosas de París, Londres, Roma o Nueva York. Hay museos de todas las artes. Vd. debiera ver la Casa de Correos; mi amigo Shulters ha dicho a menudo: «Es, creo, el edificio más hermoso del mundo.» Madrid es una ciudad perfecta para los artistas, y la mayor parte de los de España viven allí. Nadie tiene prisa en Madrid; todo el mundo tiene bastante tiempo para charlar y gozar de la vida tranquila y lenta.

— Muchas·gracias, señor. Todo lo que Vd. acaba de decirme es muy interesante. ¡Adiós!

—¡Hasta la vista, Roberto!

B. *Translate into Spanish.* 1. It must be a magnificent city. 2. John and his brother have become famous; the former is a doctor, the latter a lawyer. 3. What was the queen's name? 4. Your bank and ours are the best (ones) in the city. 5. Could you tell me where the post office is? 6. Is that one of his paintings? 7. What does that mean? 8. How many theaters are there in Madrid? 9. Are there as many movies in our city as in yours? 10. I don't think so; we are living in a small city. 11. That son and this (one) are getting rich. 12. Would he make me a picture too? 13. His mother and mine are very sick. 14. He took my notebook and I took his. 15. On

reading it, I knew that it wasn't worth much.   16.   These sheep
and yours are the best that I have seen.

C.   *10-minute quiz; 5% for each correct answer.*

1. un cine enorme	11. this room and that one
2. unos museos antiguos	12. a famous queen
3. una galería moderna	13. a foreign bank
4. estos guantes y los de Vd.	14. some high buildings
5. al rey y a la reina	15. some magnificent churches
6. una calle estrecha	
7. la vida tranquila	16. a huge palace
8. el hotel más barato	17. few artists
9. la casa de correos de ellos	18. my bedroom and hers
	19. of red silk
10. un río ancho	20. made by hand

D.   *Copy on one side of a large sheet of unruled paper, in ink,
exactly as it appears on page 182, the verb* **decir***.*

PAST PERFECT SUBJUNCTIVE

VOCABULARY

carbón *m.* coal
cobre *m.* copper
hierro *m.* iron
milla *f.* mile
mina *f.* mine
mineral *m.* mineral
nombre *m.* name
oro *f.* gold
plata *f.* silver

plomo *m.* lead
siglo *m.* century
trigo *m.* wheat
cuadrado square
caer (caigo) fall
dejar leave, let,
   permit; — de, stop
perder(ie) lose
recibir receive

I. Past Perfect Subjunctive. The past perfect subjunctive is composed of the past subjunctive of **haber** (either the -ra or the -se form) and the perfect participle.

perder

hubiera perdido
hubieras perdido
hubiera perdido

hubiéramos perdido
hubierais perdido
hubieran perdido

caer

hubiese caído
hubieses caído
hubiese caído

hubiésemos caído
hubieseis caído
hubiesen caído

II. Past Perfect Subjunctive in Main Clauses. In main clauses, the -ra form of the past perfect subjunctive is often used instead of the perfect conditional.

No lo hubiéramos perdido. We wouldn't have lost it.
Vd. no lo habría perdido. You wouldn't have lost it.

Yo hubiera caído.	I would have fallen.
Ellas habrían recibido algo.	They would have received something.

III. PAST PERFECT SUBJUNCTIVE IN DEPENDENT CLAUSES. In dependent clauses, either the **-ra** or the **-se** form may be used. The past perfect tense of a dependent clause is always introduced by a past tense in the main clause.

Creí que lo hubiese perdido.	I thought that he had lost it.
Esperó que no hubieran caído.	He hoped that they had not fallen.

EXERCISES

(It is suggested that Exercise A be read aloud three times by the teacher, once very slowly, once moderately fast, and once fast, the students' books remaining closed during the reading. Then, with the teacher's assistance, the whole exercise may be translated or discussed. Only the vocabulary at the beginning of the lesson is considered required work.)

A. CHILE—PAÍS PINTORESCO

—¿Qué busca Vd., Roberto? ¿Ha perdido algo?

— Sí, señor, he perdido mi libro.

—¿Qué clase de libro era?

— Era un libro sobre Chile, que estaba leyendo en la escuela esta mañana. Recuerdo que salí de la sala de clase llevándolo en la mano. Tal vez lo dejé en la escuela; es posible que cayera de mi mano. Lo siento mucho porque hubiera podido preparar la lección de historia en casa.

—¡Deje Vd. de pensar en ese libro y óigame! Voy a leerle dos o tres páginas de un libro que recibí de Chile hace unos días. ¿Le gustaría?

— Sí, señor. De este modo no tendré que estudiar esa lección, y tal vez no la hubiera estudiado. ¡Por favor, lea Vd.!

—«Chile ocupa una extensión de 297,000 millas cuadradas y tiene una población de cerca de 5,000,000 de habitantes. Se le ha dado a Chile el nombre 'Shoestring' porque tiene más de 2600 millas de largo y no más de 100 millas de ancho.

«Al este se encuentran las altas montañas de los Andes, al oeste las llanuras verdes y fértiles de la costa. Por eso, dentro de cincuenta millas de la ciudad de Santiago, la capital, situada en el medio del país, se hallan todos los climas,—frío, templado, cálido. Asimismo, entre el norte y el sur existen todos los climas posibles. El clima del sur de Chile es naturalmente casi siempre frío.

«A causa de las altas montañas siempre cubiertas de nieve y de la corta distancia entre ellas y la mar, Chile posee mucha agua, teniendo mil lagos y más de ciento veinte ríos. Por eso se llama 'Tierra de Lagos y Ríos.' Theodore Roosevelt declaró que la región de lagos de Chile era el paisaje más pintoresco y magnífico que había visto en todos sus viajes.

«Toda clase de cereales y frutas—maíz, trigo, arroz, higos, uvas, olivas, caña de azúcar y naranjas se cultivan allí.»

—¡ Dispense, señor! ¿Qué quieren decir arroz y caña de azúcar?

— Arroz es 'rice' y caña de azúcar es 'sugar cane.' «La principal riqueza del país es su extraordinaria abundancia en minerales; posee minas de hierro, cobre, plata, oro, plomo, carbón y sal. Las explotaciones mineras se hacen en gran escala.

«Chile tiene además de 5500 millas de ferrocarriles 16,000 millas de hermosas carreteras modernas, que facilitan mucho el comercio interior.

«Hay cuatro universidades, muchas escuelas técnicas y un gran número de museos y galerías de pinturas. Florecen, en grado sumo, la agricultura, la industria, las ciencias y las artes.»

—¡ Dispénseme, señor. ¿Cuáles son los nombres de las ciudades principales de Chile?

— Son Santiago, la capital, Valparaíso, el puerto principal, Arica, Viña del Mar y Magallanes, la ciudad más al sur del mundo entero. Santiago con sus 900,000 habitantes, sus anchas avenidas, sus antiguas iglesias construídas hace tres o cuatro siglos, sus hoteles, bancos, teatros, cines y otros edificios magníficos, es una de las ciudades más hermosas de la América del Sur. En efecto, hay muchos viajeros que dicen que Río de Janeiro, Paris y Santiago son las ciudades más hermosas del mundo. —¿Ha podido comprender todo?

— No lo comprendí todo, pero pude comprender mucho. ¡Qué ciudades tan interesantes! Si mis padres hubiesen podido hacer aquel viaje a Sud América el año pasado, hubieran

visto todas las cosas que su libro describe. ¡Por favor, léalo
Vd. otra vez!

— Con mucho gusto, Roberto. En seguida.

B. *Copy Exercise A in ink, exactly as above, as work to be handed
to teacher.*

C. *20-minute quiz; 5% for each correct answer.*

Use Conditional Mood

1. He would fall.
2. I would have fallen.
3. They would lose it.
4. They would have lost it.
5. Would I receive it?
6. Would he scold us?
7. They would have copied it.
8. She would not stop dancing.
9. Would you have danced?
10. What would you have done?

Use Subjunctive Mood

11. I would like to see it.
12. He would make it.
13. He would have made it.
14. They could read it.
15. He ought to copy them.
16. He would have copied it.
17. Could they swim?
18. We would be happy.
19. He would have lost it.
20. He wouldn't stop laughing.

D. *Copy on one side of a large sheet of unruled paper, in ink,
exactly as it appears on page 184, the verb* **hacer**.

PAST CONTRARY-TO-FACT CONDITIONS

VOCABULARY

azúcar *m.* sugar
bosque *m.* forest
capital *f.* capital
clima *m.* climate
comercio *m.* commerce
costa *f.* coast
extensión *f.* area
fuente *f.* source; spring
llanura *f.* plain
maíz *m.* corn

montaña *f.* mountain
petróleo *m.* petroleum, oil
pie *m.* foot
relación *f.* relation, dealing
parecer (parezco) appear, seem
sano healthy, healthful
semejante similar
así thus

tener seiscientos pies de alto — be six hundred feet high
tener dos mil millas de largo — be two thousand miles long
entrar en relaciones con — enter into relations with
de más en más — more and more

I. Past Contrary-to-Fact Conditions. This type of sentence, which expresses a past unreal condition, implies that the "if" clause was not fulfilled.

If he had lost it, he would have said something.
Si lo hubiera perdido, habría dicho algo, *or*
Si lo hubiese perdido, hubiera dicho algo.

He would have taken it if he had seen it.
Lo habría tomado, si lo hubiera visto.
Lo hubiera tomado, si lo hubiese visto.

This type of condition requires the past perfect subjunctive (either -ra or -se form) in the condition, and past perfect subjunctive (-ra form) or the perfect conditional in the conclusion.

II. SUMMARY OF VARIOUS CONDITIONAL SENTENCES.

	"If" Clause	*Conclusion*
Simple Condition	Indicative	Indicative
Present Contrary to Fact **(or** Future less Vivid)	Past Subj. (**-ra** or **-se**)	Past Subj. (**-ra**) or Pres. Conditional
Past Contrary to Fact	Past Perf. Subj. (**-ra** or **-se**)	Past Perf. Subj. (**-ra**) or Perf. Conditional

Note: The conditional mood is not used in "if" clauses.

III. *Should* (*ought to*); *should have* (*ought to have*).

(a) *Should* (*ought to*) is expressed by the past subjunctive (**-ra** endings) of **deber.**

Vds. debieran ayudarlos.

(b) *Should have* (*ought to have*) is expressed by the past perfect subjunctive (**-ra** endings) of **deber.**

Vds. hubieran debido ayudarlos.

EXERCISES

A.   MÉXICO Y LA AMÉRICA DEL SUR

Mis padres piensan ahora en un viaje a México y a la América del Sur.   Habríamos ido a España el año pasado, si mi padre no se hubiese puesto enfermo.   Aunque ha estado en España muchas veces, se hubiera alegrado de ir allí otra vez, pero después de pagar la cuenta del médico no nos quedó bastante dinero para hacer un viaje largo.   Por eso he trabajado todo el año pasado y he podido ahorrar casi cuatrocientos dólares.

¿Por qué nos interesamos tanto en México y los países de la América del Sur?   ¿Por qué debieran todos los habitantes de los Estados Unidos interesarse en aquellos países?   ¿Por qué es tan importante que todas las escuelas y universidades de nuestro país tengan clases de español?   ¿Por qué debemos entrar de más en más en relaciones de comercio con nuestros vecinos al sur?

El año pasado mis padres leyeron libros sobre todo lo sudamericano—las gentes, las lenguas, las escuelas, las ciudades, las cápitales, las tiendas, los teatros, las riquezas naturales y el modo de vivir. Hablaban en todas las comidas de lo que acababan de leer. Los escuchaba bien y así aprendí mucho. Me dieron ganas de conocer mejor aquellos países ricos y pintorescos.

Trataré de mostrarles a Vds. por qué es tan importante y necesario que entremos de más en más en relaciones con aquellos países. Si Vds. tienen un buen mapa, podrán seguir mejor lo que voy a decir.

(a) Hay cerca de 110,000,000 de personas en el mundo que hablan español, de las cuales la mayor parte viven en México y la América del Sur.

(b) México y la América del Sur tienen muchas cosas que nosotros necesitamos, y también nosotros tenemos muchas cosas que aquellos países necesitan, de modo que es natural y preciso que el comercio entre las dos Américas se aumente cada año. Debo describirles a Vds. a México y los países más importantes de la América del Sur.

MÉXICO. Extensión: 767,000 millas cuadradas; 20,000,000 de habitantes; capital: Ciudad de México; lengua: español; México y España son muy semejantes en sus enormes riquezas de minerales; como España, México tiene minas ricas de cobre, plomo, plata y carbón; en la producción de plata es el primer país del mundo. La fuente principal de la riqueza de México es el petróleo.

México produce azúcar, algodón, maíz, trigo y casi toda clase de frutas. México tiene todos los climas; en las costas y las llanuras llueve mucho y hace gran calor; en las montañas México goza de un clima muy templado (*cool*) y sano. La Ciudad de México, con 1,400,000 habitantes, goza de un clima casi perfecto, y es una de las ciudades más hermosas del mundo. La montaña, Popocatepetl, cerca de la Ciudad de México, tiene más de 17,000 pies de alto.

BRASIL. Brasil, con una extensión de 3,228,000 millas cuadradas, es más grande que los Estados Unidos. Tiene 45,000,000 de habitantes. Capital: Río de Janeiro, la ciudad más hermosa de la América del Sur, y una de las más magníficas del mundo. La fuente más importante de su riqueza es el café. Tiene también riquezas enormes de oro, plomo, hierro y carbón. Produce mucho azúcar, maíz y algodón. En sus llanuras se encuentran bosques enormes.

Brasil goza de dos climas distintos: el de la costa y las llanuras, que es muy caliente, y el de las montañas, que es muy frío, pero sano.

El Río Amazonas, que llega a tener 160 millas de ancho, el más grande del mundo, se halla en Brasil.

Hay veinticinco universidades, muchos museos y muchas bibliotecas en Brasil. Su lengua es el portugués (*Portuguese*).

ARGENTINA. Extensión: 1,040,000 millas cuadradas; habitantes: 13,600,000; capital: Buenos Aires; lengua: español. Un país de llanuras, bosques, montañas enormes. Clima: muy frío al sur, gran calor al norte.

La ganadería (*stock raising*) es la fuente más importante de riqueza del país, que tiene 45,000,000 de ovejas, 35,000,000 de vacas y 9,000,000 de caballos.

Argentina produce mucho azúcar, trigo, maíz y algodón. Se hallan allí grandes minas de oro, plata, plomo y hierro.

Hay seis universidades, veinte y dos escuelas de comercio, cincuenta y ocho escuelas de artes y muchas otras.

CHILE. Extensión: 297,000 millas cuadradas. Habitantes: 5,000,000. Capital: Santiago. Lengua: español. 2661 millas de largo; 46 a 228 millas de ancho. 120 ríos. Unas montañas de más de 23,000 pies de alto. Produce oro, plata, cobre y carbón. Entre el norte y el sur goza de todos los climas; también entre la costa y las montañas. Un país de riquezas naturales enormes. Me parece ser el país más interesante de la América del Sur.

ECUADOR, PERÚ, COLOMBIA, VENEZUELA. Quisiera describir las riquezas naturales de los otros países de la América del Sur, pero es imposible aquí. Este libro se haría demasiado largo. Basta decir que Ecuador, Perú, Colombia y Venezuela tienen enormes riquezas naturales, como petróleo, oro, plata, cobre, plomo y todas las demás. Con sus llanuras, montañas altas y toda clase de clima, se cuentan entre los países más ricos y más pintorescos del mundo. La lengua que se habla en todos estos países es el español.

Es por todas estas razones que nos interesamos en un viaje a México y Sudamérica. Naturalmente quiero aprender a hablar español bien.

¡Hasta luego!

B. *Translate into Spanish.* 1. Have you finally stopped talking? 2. It seems to me that Spain and Mexico, in their natural wealth, are very similar. 3. Its climate must be very healthful in the mountains. 4. If we had eaten more corn, we would have been healthier. 5. In what countries of South America is Spanish spoken? 6. Does it seem possible to you that Brazil is larger than the United States? 7. His parents would have made the trip if his father had not been sick. 8. What is the area, in square miles, of the United States? 9. Could you tell me what the area of Europe is? 10. Is it possible that the areas of Europe, Brazil, and the United States are so similar? 11. We ought to enter into relations with firms (**casas**) in those countries. 12. Is he six feet tall? 13. What is the principal source of wealth of that country? 14. Are there mountains everywhere in South America? 15. I did not know that Chile is so long and narrow. 16. I see, more and more, that Spanish is an important language. 17. Which countries of South America are most picturesque? 18. Those countries are full of mountains and plains and forests and minerals.

C. *10-minute dictation quiz; 5% for each correct answer.*

1.	dos millas cuadradas	11.	demasiado azúcar
2.	un clima sano	12.	tantos bosques
3.	tres días de fiesta	13.	el Río de la Plata
4.	la fuente de su riqueza	14.	los nombres franceses
5.	cinco pies de ancho	15.	unas minas de oro
6.	montañas altas	16.	la casa de correos
7.	el maíz amarillo	17.	un museo antiguo
8.	llanuras enormes	18.	hoteles magníficos
9.	la costa rica	19.	teatros vacíos
10.	dos gentes semejantes	20.	España pintoresca

D. *Copy on one side of a large sheet of unruled paper, in ink, exactly as it appears on page 193, the verb* **tener**.

PASSIVE VOICE

VOCABULARY

comedia *f*.	comedy; play	**acercarse**	approach
drama *m*.	drama, play	**mencionar**	mention
dramaturgo *m*.	dramatist	**publicar**	publish
historia *f*.	history; story	**terminar**	terminate, end
literatura *f*.	literature	**histórico**	historical
novela *f*.	novel	**literario**	literary
obra *f*.	work	**poético**	poetical
poeta *m*.	poet	**a veces**	sometimes

I. Passive Voice. The passive voice is not much used in Spanish. In most cases where English uses the passive, Spanish converts the passive idea into an active one or uses the reflexive construction. Thus

> Las lecciones son estudiadas (*rarely used*) *becomes*
> Estudiamos las lecciones, *or*
> Se estudian las lecciones.

II. Passive Voice Construction. The passive voice is composed of the auxiliary **ser** (telling the time of the action) and the perfect participle (describing the action performed). This perfect participle must agree with the subject in gender and number.

> Esta silla fué hecha aquí.
> Aquellos escritores serán descritos.

Sido, in the perfect tenses, remains unchanged.

> Su hotel ha sido vendido.
> La ciudad había sido rodeada.

165

III. AGENCY. The agency phrase is usually introduced by the preposition **por.** The preposition **de** is used when the idea is mental or general.

> Eran regañados por su maestra.
> Mis padres eran amados de todos.
> El pueblo será rodeado de árboles.

IV. PASSIVE STATE. When not a passive act, but a passive state is described, the auxiliary verb **estar** is used.

> Los libros de los estudiantes estaban abiertos.
> El pueblo está rodeado de soldados.

EXERCISES

(It is not advisable for students to try to translate the literary titles mentioned in Exercise A.)

A.   LA LITERATURA ESPAÑOLA

Hace unos meses que estudiamos el español. Nos acercamos al fin de este libro. Terminada esta lección, habremos terminado todo el libro. Hemos preparado listas de palabras para aumentar nuestro vocabulario; hemos aprendido de memoria las reglas de gramática; hemos hecho toda clase de traducciones; hemos pronunciado páginas enteras de español, pero, a pesar de todo eso, la literatura española no ha sido mencionada hasta aquí. Yo, el autor (*writer*) de este libro, siento eso mucho y quiero emplear esta última oportunidad para darles a Vds. los nombres de unos escritores famosos de la literatura española y de sus obras más conocidas.

Miguel de Cérvantes Saavedra (1547–1616). El siglo XVI es el más rico en la historia de España y de sus artes, y por eso se llama el Siglo de Oro. Miguel de Cervantes vivió en aquel siglo en Madrid, Valladolid, Sevilla y otras ciudades españolas donde su padre era médico. De estos viajes llegó a conocer bien la vida. Su primera obra importante, la novela la «Galatea,» se publicó en 1585. Luego empezó a escribir algunas comedias, que no valen mucho. La primera parte de su obra monumental «El ingenioso hidalgo Don Quixote de la Mancha» fué publicada en 1605 y la última parte en 1615. Hay muchas personas literarias que dicen que «Don Quixote» es la obra literaria más perfecta del mundo.

Lope de Vega (1562-1635) es, después de Cervantes, el autor más grande de España, y tal vez el más prolífico en la historia del mundo. Escribió toda clase de obras—dramas, comedias, novelas, poemas (*poems*) y libros históricos. De sus 1500 comedias no quedan hoy más que 500. Mencionaremos aquí como mejores ejemplos de estas comedias «Amar sin saber a quien,» «El acero de Madrid» y «El alma de España.»

Pedro Calderón de la Barca (1600–1681), más conocido bajo el nombre de Calderón, fué el dramaturgo más famoso después de Lope de Vega, y el último escritor grande del Siglo de Oro. Su obra maestra es «La vida es sueño.» Otros dramas bien conocidos de su mano son «Dar tiempo al tiempo,» «El médico de su honra» y «El pintor de su deshonra.»

Benito Pérez Galdós (1845–1920) es el mejor de los maestros de la novela española moderna. La obra de Galdós fué enorme. Escribió más de sesenta novelas, de las cuales 46 son novelas históricas. Mencionaremos sus novelas «Doña Perfecta,» «Gloria,» «El abuelo,» «Cádiz,» «Trafalgar» y «Zaragoza.» Entre sus mejores dramas tenemos «Realidad,» «La loca de la casa» y «Alma y vida.»

Jacinto Benavente (1866–1954), dramaturgo, es, después de Galdós, el autor más grande de la España moderna. Sus mejores dramas son tal vez «Gente conocida,» «La noche del sábado,» «Rosas de otoño,» «Los intereses creados» y «La malquerida.»

Rubén Darío (1867–1916), de Nicaragua, poeta, conocido por la música, semejante a la de Edgar Allan Poe, que se encuentra en todo lo que escribió. Sus mejores obras poéticas se hallan en los tres libros «Azul,» «Prosas profanas» y «Cantos de vida y esperanza.» En el último se halla su hermosa «Canción de otoño en primavera,» que empieza así:

> ¡Juventud, divino tesoro,
> ya te vas para no volver!
> Cuando quiero llorar, no lloro,
> y a veces lloro, sin querer.

Es lástima terminar este libro sin mencionar a muchos otros escritores y los nombres de sus obras, pero tendremos el año próximo otra oportunidad de estudiar la lengua y la literatura española.

B. *Translate into Spanish.* 1. What is the name of the author who wrote that book? 2. I was seated near him, but I could not hear his name. 3. What kind of works do dramatists write? 4. Do they sometimes write poetical works? 5. I prefer novels to all other kinds of literature. 6. The class was approaching the end of its book. 7. Who published the works of Cervantes? 8. His name is the most famous in Spanish literature, isn't it? 9. I think so; his name has been mentioned most often by our teacher. 10. Was he loved by all who read his works? 11. Could we read "Don Quixote" now? 12. It would probably be too difficult for us. 13. You must remember that we have only six hundred Spanish words in our heads. 14. The bill was paid by her friends. 15. He described to us sometimes the comedies of Lope de Vega. 16. Then he would tell us something interesting about the sources of wealth of the United States. 17. Those authors will become famous in South America too. 18. If we had had time enough, we would have read a drama or a comedy. 19. In what country is the Río de Oro situated? 20. He lost them when he fell. 21. Has it stopped snowing? 22. I would like to travel in Spain and Mexico. 23. By repetition and practice we have learned a great deal of Spanish.

C. *10-minute quiz; 5% for each correct answer.*

1.	a foreign language	11.	Me despedí de ellos.
2.	enough coal	12.	Se encontraron.
3.	an important bank	13.	No me gustó.
4.	the best room	14.	Nos levantaremos.
5.	a large bakery	15.	Luego se fueron.
6.	longer vacations	16.	Me vestí.
7.	yellow oranges	17.	En vez de sentarse, él . . . .
8.	four roads	18.	Han muerto.
9.	some railroads	19.	al terminarlo
10.	an enormous forest	20.	Hay que repasar eso.

D. *Copy on one side of a large sheet of unruled paper, in ink, exactly as it appears on page 185, the verb* ir.

VERBS

Complete Conjugations

Regular Verbs

1. comprar (I)
2. comer (II)
3. vivir (III)
4. contar(ue) (I)
5. perder(ie) (II)
6. dormir(ue-u) (III)
7. pedir(i-i) (III)
8. sentarse(ie) (*reflex.*)

Irregular Verbs

9. andar
10. caer
11. conocer
12. dar
13. decir
14. estar
15. hacer
16. ir
17. oír
18. poder(ue)
19. poner
20. querer(ie)
21. reír(i-i)
22. saber
23. ser
24. tener
25. traer
26. venir
27. ver
28. volver(ue)

Outlines

29. abrir
30. acercarse
31. buscar
32. creer
33. describir
34. distinguir
35. empezar(ie)
36. escribir
37. explicar
38. haber
39. jugar(ue)
40. leer
41. llegar
42. morir(ue-u)
43. pagar
44. parecer
45. producir
46. repetir(i-i)
47. sacar
48. salir
49. seguir(i-i)
50. sentir(ie-i)
51. traducir
52. valer

1. COMPRAR (comprando, comprado)

INDICATIVE	CONDITIONAL	SUBJUNCTIVE
Present		*Present*
compro		compre
compras		compres
compra		compre
compramos		compremos
compráis		compréis
compran		compren
Preterit		
compré		
compraste		
compró		
compramos		
comprasteis		
compraron		
Past		*Past*
compraba		comprara(-ase)
comprabas		compraras
compraba		comprara
comprábamos		compráramos
comprabais		comprarais
compraban		compraran
Future	*Present*	
compraré	compraría	
comprarás	comprarías	
comprará	compraría	
compraremos	compraríamos	
compraréis	compraríais	
comprarán	comprarían	
Present Perfect		*Present Perfect*
he comprado		haya comprado
has comprado		hayas comprado
ha comprado		haya comprado
hemos comprado		hayamos comprado
habéis comprado		hayáis comprado
han comprado		hayan comprado
Past Perfect		*Past Perfect*
había comprado		hubiera(-iese) comprado
habías comprado		hubieras comprado
había comprado		hubiera comprado
habíamos comprado		hubiéramos comprado
habíais comprado		hubierais comprado
habían comprado		hubieran comprado
Future Perfect	*Perfect*	
habré comprado	habría comprado	
habrás comprado, *etc.*	habrías comprado, *etc.*	

IMPERATIVE: ¡Compra! . . . ¡Comprad!

2. COMER (comiendo, comido)

INDICATIVE	CONDITIONAL	SUBJUNCTIVE
Present		*Present*
como		coma
comes		comas
come		coma
comemos		comamos
coméis		comáis
comen		coman
Preterit		
comí		
comiste		
comió		
comimos		
comisteis		
comieron		
Past		*Past*
comía		comiera(-iese)
comías		comieras
comía		comiera
comíamos		comiéramos
comíais		comierais
comían		comieran
Future	*Present*	
comeré	comería	
comerás	comerías	
comerá	comería	
comeremos	comeríamos	
comeréis	comeríais	
comerán	comerían	
Present Perfect		*Present Perfect*
he comido		haya comido
has comido		hayas comido
ha comido		haya comido
hemos comido		hayamos comido
habéis comido		hayáis comido
han comido		hayan comido
Past Perfect		*Past Perfect*
había comido		hubiera(-iese) comido
habías comido		hubieras comido
había comido		hubiera comido
habíamos comido		hubiéramos comido
habíais comido		hubierais comido
habían comido		hubieran comido
Future Perfect	*Perfect*	
habré comido	habría comido	
habrás comido, *etc.*	habrías comido, *etc.*	

IMPERATIVE: ¡Come! . . . ¡Comed!

3. VIVIR (viviendo, vivido)

INDICATIVE	CONDITIONAL	SUBJUNCTIVE
Present		*Present*
vivo		viva
vives		vivas
vive		viva
vivimos		vivamos
vivís		viváis
viven		vivan
Preterit		
viví		
viviste		
vivió		
vivimos		
vivisteis		
vivieron		
Past		*Past*
vivía		viviera(-iese)
vivías		vivieras
vivía		viviera
vivíamos		viviéramos
vivíais		vivierais
vivían		vivieran
Future	*Present*	
viviré	viviría	
vivirás	vivirías	
vivirá	viviría	
viviremos	viviríamos	
viviréis	viviríais	
vivirán	vivirían	
Present Perfect		*Present Perfect*
he vivido		haya vivido
has vivido		hayas vivido
ha vivido		haya vivido
hemos vivido		hayamos vivido
habéis vivido		hayáis vivido
han vivido		hayan vivido
Past Perfect		*Past Perfect*
había vivido		hubiera(-iese) vivido
habías vivido		hubieras vivido
había vivido		hubiera vivido
habíamos vivido		hubiéramos vivido
habíais vivido		hubierais vivido
habían vivido		hubieran vivido
Future Perfect	*Perfect*	
habré vivido	habría vivido	
habrás vivido, *etc.*	habrías vivido, *etc.*	

IMPERATIVE: ¡Vive! . . . ¡Vivid!

4. CONTAR[ue] (contando, contado)

INDICATIVE	CONDITIONAL	SUBJUNCTIVE
Present		*Present*
cuento		cuente
cuentas		cuentes
cuenta		cuente
contamos		contemos
contáis		contéis
cuentan		cuenten
Preterit		
conté		
contaste		
contó		
contamos		
contasteis		
contaron		
Past		*Past*
contaba		contara(-ase)
contabas		contaras
contaba		contara
contábamos		contáramos
contabais		contarais
contaban		contaran
Future	*Present*	
contaré	contaría	
contarás	contarías	
contará	contaría	
contaremos	contaríamos	
contaréis	contaríais	
contarán	contarían	
Present Perfect		*Present Perfect*
he contado		haya contado
has contado		hayas contado
ha contado		haya contado
hemos contado		hayamos contado
habéis contado		hayáis contado
han contado		hayan contado
Past Perfect		*Past Perfect*
había contado		hubiera(-iese) contado
habías contado		hubieras contado
había contado		hubiera contado
habíamos contado		hubiéramos contado
habíais contado		hubierais contado
habían contado		hubieran contado
Future Perfect	*Perfect*	
habré contado	habría contado	
habrás contado, *etc.*	habrías contado, *etc.*	

IMPERATIVE: ¡Cuenta! . . . ¡Contad!

5. PERDER[ie] (perdiendo, perdido)

INDICATIVE	CONDITIONAL	SUBJUNCTIVE
Present		*Present*
pierdo		pierda
pierdes		pierdas
pierde		pierda
perdemos		perdamos
perdéis		perdáis
pierden		pierdan
Preterit		
perdí		
perdiste		
perdió		
perdimos		
perdisteis		
perdieron		
Past		*Past*
perdía		perdiera(-iese)
perdías		perdieras
perdía		perdiera
perdíamos		perdiéramos
perdíais		perdierais
perdían		perdieran
Future	*Present*	
perderé	perdería	
perderás	perderías	
perderá	perdería	
perderemos	perderíamos	
perderéis	perderíais	
perderán	perderían	
Present Perfect		*Present Perfect*
he perdido		haya perdido
has perdido		hayas perdido
ha perdido		haya perdido
hemos perdido		hayamos perdido
habéis perdido		hayáis perdido
han perdido		hayan perdido
Past Perfect		*Past Perfect*
había perdido		hubiera(-iese) perdido
habías perdido		hubieras perdido
había perdido		hubiera perdido
habíamos perdido		hubiéramos perdido
habíais perdido		hubierais perdido
habían perdido		hubieran perdido
Future Perfect	*Perfect*	
habré perdido	habría perdido	
habrás perdido, *etc*.	habrías perdido, *etc*.	

IMPERATIVE: ¡Pierde! . . . ¡Perded!

6. DORMIR[ue-u] (durmiendo, dormido)

INDICATIVE	CONDITIONAL	SUBJUNCTIVE
Present		*Present*
duermo		duerma
duermes		duermas
duerme		duerma
dormimos		durmamos
dormís		durmáis
duermen		duerman
Preterit		
dormí		
dormiste		
durmió		
dormimos		
dormisteis		
durmieron		
Past		*Past*
dormía		durmiera(-iese)
dormías		durmieras
dormía		durmiera
dormíamos		durmiéramos
dormíais		durmierais
dormían		durmieran
Future	*Present*	
dormiré	dormiría	
dormirás	dormirías	
dormirá	dormiría	
dormiremos	dormiríamos	
dormiréis	dormiríais	
dormirán	dormirían	
Present Perfect		*Present Perfect*
he dormido		haya dormido
has dormido		hayas dormido
ha dormido		haya dormido
hemos dormido		hayamos dormido
habéis dormido		hayáis dormido
han dormido		hayan dormido
Past Perfect		*Past Perfect*
había dormido		hubiera(-iese) dormido
habías dormido		hubieras dormido
había dormido		hubiera dormido
habíamos dormido		hubiéramos dormido
habíais dormido		hubierais dormido
habían dormido		hubieran dormido
Future Perfect	*Perfect*	
habré dormido	habría dormido	
habrás dormido, *etc.*	habrías dormido, *etc.*	

IMPERATIVE: ¡Duerme! . . . ¡Dormid!

7. PEDIR[i-i] (pidiendo, pedido)

INDICATIVE	CONDITIONAL	SUBJUNCTIVE
Present		*Present*
pido		pida
pides		pidas
pide		pida
pedimos		pidamos
pedís		pidáis
piden		pidan
Preterit		
pedí		
pediste		
pidió		
pedimos		
pedisteis		
pidieron		
Past		*Past*
pedía		pidiera(-iese)
pedías		pidieras
pedía		pidiera
pedíamos		pidiéramos
pedíais		pidierais
pedían		pidieran
Future	*Present*	
pediré	pediría	
pedirás	pedirías	
pedirá	pediría	
pediremos	pediríamos	
pediréis	pediríais	
pedirán	pedirían	
Present Perfect		*Present Perfect*
he pedido		haya pedido
has pedido		hayas pedido
ha pedido		haya pedido
hemos pedido		hayamos pedido
habéis pedido		hayáis pedido
han pedido		hayan pedido
Past Perfect		*Past Perfect*
había pedido		hubiera(-iese) pedido
habías pedido		hubieras pedido
había pedido		hubiera pedido
habíamos pedido		hubiéramos pedido
habíais pedido		hubierais pedido
habían pedido		hubieran pedido
Future Perfect	*Perfect*	
habré pedido	habría pedido	
habrás pedido, *etc.*	habrías pedido, *etc.*	

IMPERATIVE: ¡Pide! . . . ¡Pedid!

8. SENTARSE[ie] (sentando, sentado)

INDICATIVE	CONDITIONAL	SUBJUNCTIVE
Present		*Present*
me siento		me siente
te sientas		te sientes
se sienta		se siente
nos sentamos		nos sentemos
os sentáis		os sentéis
se sientan		se sienten
Preterit		
me senté		
te sentaste		
se sentó		
nos sentamos		
os sentasteis		
se sentaron		
Past		*Past*
me sentaba		me sentara(-ase)
te sentabas		te sentaras
se sentaba		se sentara
nos sentábamos		nos sentáramos
os sentabais		os sentarais
se sentaban		se sentaran
Future	*Present*	
me sentaré	me sentaría	
te sentarás	te sentarías	
se sentará	se sentaría	
nos sentaremos	nos sentaríamos	
os sentaréis	os sentaríais	
se sentarán	se sentarían	
Present Perfect		*Present Perfect*
me he sentado		me haya sentado
te has sentado		te hayas sentado
se ha sentado		se haya sentado
nos hemos sentado		nos hayamos sentado
os habéis sentado		os hayáis sentado
se han sentado		se hayan sentado
Past Perfect		*Past Perfect*
me había sentado		me hubiera(-iese) sentad₁
te habías sentado		te hubieras sentado
se había sentado		se hubiera sentado
nos habíamos sentado		nos hubiéramos sentado
os habíais sentado		os hubierais sentado
se habían sentado		se hubieran sentado
Future Perfect	*Perfect*	
me habré sentado	me habría sentado	
te habrás sentado, *etc.*	te habrías sentado, *etc.*	

IMPERATIVE: ¡Siéntate! . . . ¡Sentaos!

9.   ANDAR (andando, andado)

INDICATIVE	CONDITIONAL	SUBJUNCTIVE
Present		*Present*
ando		ande
andas		andes
anda		ande
andamos		andemos
andáis		andéis
andan		anden
Preterit		
anduve		
anduviste		
anduvo		
anduvimos		
anduvisteis		
anduvieron		
Past		*Past*
andaba		anduviera(-iese)
andabas		anduvieras
andaba		anduviera
andábamos		anduviéramos
andabais		anduvierais
andaban		anduvieran
Future	*Present*	
andaré	andaría	
andarás	andarías	
andará	andaría	
andaremos	andaríamos	
andaréis	andaríais	
andarán	andarían	
Present Perfect		*Present Perfect*
he andado		haya andado
has andado		hayas andado
ha andado		haya andado
hemos andado		hayamos andado
habéis andado		hayáis andado
han andado		hayan andado
Past Perfect		*Past Perfect*
había andado		hubiera(-iese) andado
habías andado		hubieras andado
había andado		hubiera andado
habíamos andado		hubiéramos andado
habíais andado		hubierais andado
habían andado		hubieran andado
Future Perfect	*Perfect*	
habré andado	habría andado	
habrás andado, *etc.*	habrías andado, *etc.*	

IMPERATIVE: ¡Anda! . . . ¡Andad!

10. CAER (cayendo, caído)

INDICATIVE	CONDITIONAL	SUBJUNCTIVE
Present		*Present*
caigo		caiga
caes		caigas
cae		caiga
caemos		caigamos
caéis		caigáis
caen		caigan
Preterit		
caí		
caíste		
cayó		
caímos		
caísteis		
cayeron		
Past		*Past*
caía		cayera(-ese)
caías		cayeras
caía		cayera
caíamos		cayéramos
caíais		cayerais
caían		cayeran
Future	*Present*	
caeré	caería	
caerás	caerías	
caerá	caería	
caeremos	caeríamos	
caeréis	caeríais	
caerán	caerían	
Present Perfect		*Present Perfect*
he caído		haya caído
has caído		hayas caído
ha caído		haya caído
hemos caído		hayamos caído
habéis caído		hayáis caído
han caído		hayan caído
Past Perfect		*Past Perfect*
había caído		hubiera(-iese) caído
habías caído		hubieras caído
había caído		hubiera caído
habíamos caído		hubiéramos caído
habíais caido		hubierais caído
habían caído		hubieran caído
Future Perfect	*Perfect*	
habré caído	habría caído	
habrás caído, *etc.*	habrías caído, *etc.*	

IMPERATIVE: ¡Cae! . . . ¡Caed!

11. CONOCER (conociendo, conocido)

INDICATIVE	CONDITIONAL	SUBJUNCTIVE
Present		*Present*
conozco		conozca
conoces		conozcas
conoce		conozca
conocemos		conozcamos
conocéis		conozcáis
conocen		conozcan
Preterit		
conocí		
conociste		
conoció		
conocimos		
conocisteis		
conocieron		
Past		*Past*
conocía		conociera(-iese)
conocías		conocieras
conocía		conociera
conocíamos		conociéramos
conocíais		conocierais
conocían		conocieran
Future	*Present*	
conoceré	conocería	
conocerás	conocerías	
conocerá	conocería	
conoceremos	conoceríamos	
conoceréis	conoceríais	
conocerán	conocerían	
Present Perfect		*Present Perfect*
he conocido		haya conocido
has conocido		hayas conocido
ha conocido		haya conocido
hemos conocido		hayamos conocido
habéis conocido		hayáis conocido
han conocido		hayan conocido
Past Perfect		*Past Perfect*
había conocido		hubiera(-iese) conocido
habías conocido		hubieras conocido
había conocido		hubiera conocido
habíamos conocido		hubiéramos conocido
habíais conocido		hubierais conocido
habían conocido		hubieran conocido
Future Perfect	*Perfect*	
habré conocido	habría conocido	
habrás conocido, *etc.*	habrías conocido, *etc.*	

IMPERATIVE: ¡Conoce! . . . ¡Conoced!

12. DAR (dando, dado)

INDICATIVE	CONDITIONAL	SUBJUNCTIVE
Present		*Present*
doy		dé
das		des
da		dé
damos		demos
dais		deis
dan		den
Preterit		
di		
diste		
dió		
dimos		
disteis		
dieron		
Past		*Past*
daba		diera(-iese)
dabas		dieras
daba		diera
dábamos		diéramos
dabais		dierais
daban		dieran
Future	*Present*	
daré	daría	
darás	darías	
dará	daría	
daremos	daríamos	
daréis	daríais	
darán	darían	
Present Perfect		*Present Perfect*
he dado		haya dado
has dado		hayas dado
ha dado		haya dado
hemos dado		hayamos dado
habéis dado		hayáis dado
han dado		hayan dado
Past Perfect		*Past Perfect*
había dado		hubiera(-iese) dado
habías dado		hubieras dado
había dado		hubiera dado
habíamos dado		hubiéramos dado
habíais dado		hubierais dado
habían dado		hubieran dado
Future Perfect	*Perfect*	
habré dado	habría dado	
habrás dado, *etc.*	habrías dado, *etc.*	

IMPERATIVE: ¡Da! . . . ¡Dad!

13. DECIR (diciendo, dicho)

INDICATIVE	CONDITIONAL	SUBJUNCTIVE
Present		*Present*
digo		diga
dices		digas
dice		diga
decimos		digamos
decís		digáis
dicen		digan
Preterit		
dije		
dijiste		
dijo		
dijimos		
dijisteis		
dijeron		
Past		*Past*
decía		dijera(-ese)
decías		dijeras
decía		dijera
decíamos		dijéramos
decíais		dijerais
decían		dijeran
Future	*Present*	
diré	diría	
dirás	dirías	
dirá	diría	
diremos	diríamos	
diréis	diríais	
dirán	dirían	
Present Perfect		*Present Perfect*
he dicho		haya dicho
has dicho		hayas dicho
ha dicho		haya dicho
hemos dicho		hayamos dicho
habéis dicho		hayáis dicho
han dicho		hayan dicho
Past Perfect		*Past Perfect*
había dicho		hubiera(-iese) dicho
habías dicho		hubieras dicho
había dicho		hubiera dicho
habíamos dicho		hubiéramos dicho
habíais dicho		hubierais dicho
habían dicho		hubieran dicho
Future Perfect	*Perfect*	
habré dicho	habría dicho	
habrás dicho, *etc.*	habrías dicho, *etc.*	

IMPERATIVE: ¡Di! . . . ¡Decid!

14. ESTAR (estando, estado)

INDICATIVE	CONDITIONAL	SUBJUNCTIVE
Present		*Present*
estoy		esté
estás		estés
está		esté
estamos		estemos
estáis		estéis
están		estén
Preterit		
estuve		
estuviste		
estuvo		
estuvimos		
estuvisteis		
estuvieron		
Past		*Past*
estaba		estuviera(-iese)
estabas		estuvieras
estaba		estuviera
estábamos		estuviéramos
estabais		estuvierais
estaban		estuvieran
Future	*Present*	
estaré	estaría	
estarás	estarías	
estará	estaría	
estaremos	estaríamos	
estaréis	estaríais	
estarán	estarían	
Present Perfect		*Present Perfect*
he estado		haya estado
has estado		hayas estado
ha estado		haya estado
hemos estado		hayamos estado
habéis estado		hayáis estado
han estado		hayan estado
Past Perfect		*Past Perfect*
había estado		hubiera(-iese) estado
habías estado		hubieras estado
había estado		hubiera estado
habíamos estado		hubiéramos estado
habíais estado		hubierais estado
habían estado		hubieran estado
Future Perfect	*Perfect*	
habré estado	habría estado	
habrás estado, *etc.*	habrías estado, *etc.*	

IMPERATIVE: ¡Está! . . . ¡Estad!

15. HACER (haciendo, hecho)

INDICATIVE	CONDITIONAL	SUBJUNCTIVE
Present		*Present*
hago		haga
haces		hagas
hace		haga
hacemos		hagamos
hacéis		hagáis
hacen		hagan
Preterit		
hice		
hiciste		
hizo		
hicimos		
hicisteis		
hicieron		
Past		*Past*
hacía		hiciera(-iese)
hacías		hicieras
hacía		hiciera
hacíamos		hiciéramos
hacíais		hicierais
hacían		hicieran
Future	*Present*	
haré	haría	
harás	harías	
hará	haría	
haremos	haríamos	
haréis	haríais	
harán	harían	
Present Perfect		*Present Perfect*
he hecho		haya hecho
has hecho		hayas hecho
ha hecho		haya hecho
hemos hecho		hayamos hecho
habéis hecho		hayáis hecho
han hecho		hayan hecho
Past Perfect		*Past Perfect*
había hecho		hubiera(-iese) hecho
habías hecho		hubieras hecho
había hecho		hubiera hecho
habíamos hecho		hubiéramos hecho
habíais hecho		hubierais hecho
habían hecho		hubieran hecho
Future Perfect	*Perfect*	
habré hecho	habría hecho	
habrás hecho, *etc.*	habrías hecho, *etc.*	

IMPERATIVE: ¡Haz! . . . ¡Haced!

16. IR (yendo, ido)

INDICATIVE	CONDITIONAL	SUBJUNCTIVE
Present		*Present*
voy		vaya
vas		vayas
va		vaya
vamos		vayamos
vais		vayáis
van		vayan
Preterit		
fuí		
fuiste		
fué		
fuimos		
fuisteis		
fueron		
Past		*Past*
iba		fuera(-ese)
ibas		fueras
iba		fuera
íbamos		fuéramos
ibais		fuerais
iban		fueran
Future	*Present*	
iré	iría	
irás	irías	
irá	iría	
iremos	iríamos	
iréis	iríais	
irán	irían	
Present Perfect		*Present Perfect*
he ido		haya ido
has ido		hayas ido
ha ido		haya ido
hemos ido		hayamos ido
habéis ido		hayáis ido
han ido		hayan ido
Past Perfect		*Past Perfect*
había ido		hubiera(-iese) ido
habías ido		hubieras ido
había ido		hubiera ido
habíamos ido		hubiéramos ido
habíais ido		hubierais ido
habían ido		hubieran ido
Future Perfect	*Perfect*	
habré ido	habría ido	
habrás ido, *etc.*	habrías ido, *etc.*	

IMPERATIVE: ¡Ve! . . . ¡Id!

17. OÍR (oyendo, oído)

INDICATIVE	CONDITIONAL	SUBJUNCTIVE
Present		*Present*
oigo		oiga
oyes		oigas
oye		oiga
oímos		oigamos
oís		oigáis
oyen		oigan
Preterit		
oí		
oíste		
oyó		
oímos		
oísteis		
oyeron		
Past		*Past*
oía		oyera(-ese)
oías		oyeras
oía		oyera
oíamos		oyéramos
oíais		oyerais
oían		oyeran
Future	*Present*	
oiré	oiría	
oirás	oirías	
oirá	oiría	
oiremos	oiríamos	
oiréis	oiríais	
oirán	oirían	
Present Perfect		*Present Perfect*
he oído		haya oído
has oído		hayas oído
ha oído		haya oído
hemos oído		hayamos oído
habéis oído		hayáis oído
han oído		hayan oído
Past Perfect		*Past Perfect*
había oído		hubiera(-iese) oído
habías oído		hubieras oído
había oído		hubiera oído
habíamos oído		hubiéramos oído
habíais oído		hubierais oído
habían oído		hubieran oído
Future Perfect	*Perfect*	
habré oído	habría oído	
habrás oído, *etc.*	habrías oído, *etc.*	

IMPERATIVE: ¡Oye! . . . ¡Oíd!

18. PODER[ue] (pudiendo, podido)

INDICATIVE	CONDITIONAL	SUBJUNCTIVE
Present		*Present*
puedo		pueda
puedes		puedas
puede		pueda
podemos		podamos
podéis		podáis
pueden		puedan
Preterit		
pude		
pudiste		
pudo		
pudimos		
pudisteis		
pudieron		
Past		*Past*
podía		pudiera(-iese)
podías		pudieras
podía		pudiera
podíamos		pudiéramos
podíais		pudierais
podían		pudieran
Future	*Present*	
podré	podría	
podrás	podrías	
podrá	podría	
podremos	podríamos	
podréis	podríais	
podrán	podrían	
Present Perfect		*Present Perfect*
he podido		haya podido
has podido		hayas podido
ha podido		haya podido
hemos podido		hayamos podido
habéis podido		hayáis podido
han podido		hayan podido
Past Perfect		*Past Perfect*
había podido		hubiera(-iese) podido
habías podido		hubieras podido
había podido		hubiera podido
habíamos podido		hubiéramos podido
habíais podido		hubierais podido
habían podido		hubieran podido
Future Perfect	*Perfect*	
habré podido	habría podido	
habrás podido, *etc.*	habrías podido, *etc.*	

IMPERATIVE: not used.

19.   PONER (poniendo, puesto)

INDICATIVE	CONDITIONAL	SUBJUNCTIVE
Present		*Present*
pongo		ponga
pones		pongas
pone		ponga
ponemos		pongamos
ponéis		pongáis
ponen		pongan
Preterit		
puse		
pusiste		
puso		
pusimos		
pusisteis		
pusieron		
Past		*Past*
ponía		pusiera(-iese)
ponías		pusieras
ponía		pusiera
poníamos		pusiéramos
poníais		pusierais
ponían		pusieran
Future	*Present*	
pondré	pondría	
pondrás	pondrías	
pondrá	pondría	
pondremos	pondríamos	
pondréis	pondríais	
pondrán	pondrían	
Present Perfect		*Present Perfect*
he puesto		haya puesto
has puesto		hayas puesto
ha puesto		haya puesto
hemos puesto		hayamos puesto
habéis puesto		hayáis puesto
han puesto		hayan puesto
Past Perfect		*Past Perfect*
había puesto		hubiera(-iese) puesto
habías puesto		hubieras puesto
había puesto		hubiera puesto
habíamos puesto		hubiéramos puesto
habíais puesto		hubierais puesto
habían puesto		hubieran puesto
Future Perfect	*Perfect*	
habré puesto	habría puesto	
habrás puesto, *etc.*	habrías puesto, *etc.*	

IMPERATIVE: ¡Pon! . . . ¡Poned!

20.   QUERER[ie] (queriendo, querido)

INDICATIVE	CONDITIONAL	SUBJUNCTIVE

Present   *Present*
quiero   quiera
quieres   quieras
quiere   quiera
queremos   queramos
queréis   queráis
quieren   quieran

Preterit
quise
quisiste
quiso
quisimos
quisisteis
quisieron

Past   *Past*
quería   quisiera(-iese)
querías   quisieras
quería   quisiera
queríamos   quisiéramos
queríais   quisierais
querían   quisieran

Future   *Present*
querré   querría
querrás   querrías
querrá   querría
querremos   querríamos
querréis   querríais
querrán   querrían

Present Perfect   *Present Perfect*
he querido   haya querido
has querido   hayas querido
ha querido   haya querido
hemos querido   hayamos querido
habéis querido   hayáis querido
han querido   hayan querido

Past Perfect   *Past Perfect*
había querido   hubiera(-iese) querido
habías querido   hubieras querido
había querido   hubiera querido
habíamos querido   hubiéramos querido
habíais querido   hubierais querido
habían querido   hubieran querido

Future Perfect   *Perfect*
habré querido   habría querido
habrás querido, *etc.*   habrías querido, *etc.*

IMPERATIVE: ¡Quiere! . . . ¡Quered!

21. REÍR[i-i] (riendo, reído)

INDICATIVE	CONDITIONAL	SUBJUNCTIVE
Present		*Present*
río		ría
ríes		rías
ríe		ría
reímos		riamos
reís		riáis
ríen		rían
Preterit		
reí		
reíste		
rió		
reímos		
reísteis		
rieron		
Past		*Past*
reía		riera(-iese)
reías		rieras
reía		riera
reíamos		riéramos
reíais		rierais
reían		rieran
Future	*Present*	
reiré	reiría	
reirás	reirías	
reirá	reiría	
reiremos	reiríamos	
reiréis	reiríais	
reirán	reirían	
Present Perfect		*Present Perfect*
he reído		haya reído
has reído		hayas reído
ha reído		haya reído
hemos reído		hayamos reído
habéis reído		hayáis reído
han reído		hayan reído
Past Perfect		*Past Perfect*
había reído		hubiera(-iese) reído
habías reído		hubieras reído
había reído		hubiera reído
habíamos reído		hubiéramos reído
habíais reído		hubierais reído
habían reído		hubieran reído
Future Perfect	*Perfect*	
habré reído	habría reído	
habrás reído, *etc.*	habrías reído, *etc.*	

IMPERATIVE: ¡Ríe! . . . ¡Reíd!

22. SABER (sabiendo, sabido)

INDICATIVE	CONDITIONAL	SUBJUNCTIVE
Present		*Present*
sé		sepa
sabes		sepas
sabe		sepa
sabemos		sepamos
sabéis		sepáis
saben		sepan
Preterit		
supe		
supiste		
supo		
supimos		
supisteis		
supieron		
Past		*Past*
sabía		supiera(-iese)
sabías		supieras
sabía		supiera
sabíamos		supiéramos
sabíais		supierais
sabían		supieran
Future	*Present*	
sabré	sabría	
sabrás	sabrías	
sabrá	sabría	
sabremos	sabríamos	
sabréis	sabríais	
sabrán	sabrían	
Present Perfect		*Present Perfect*
he sabido		haya sabido
has sabido		hayas sabido
ha sabido		haya sabido
hemos sabido		hayamos sabido
habéis sabido		hayáis sabido
han sabido		hayan sabido
Past Perfect		*Past Perfect*
había sabido		hubiera(-iese) sabido
habías sabido		hubieras sabido
había sabido		hubiera sabido
habíamos sabido		hubiéramos sabido
habíais sabido		hubierais sabido
habían sabido		hubieran sabido
Future Perfect	*Perfect*	
habré sabido	habría sabido	.
habrás sabido, *etc.*	habrías sabido, *etc.*	

IMPERATIVE: ¡Sabe! . . . ¡Sabed!

23. SER (siendo, sido)

INDICATIVE	CONDITIONAL	SUBJUNCTIVE
Present		*Present*
soy		sea
eres		seas
es		sea
somos		seamos
sois		seáis
son		sean
Preterit		
fuí		
fuiste		
fué		
fuimos		
fuisteis		
fueron		
Past		*Past*
era		fuera(-ese)
eras		fueras
era		fuera
éramos		fuéramos
erais		fuerais
eran		fueran
Future	*Present*	
seré	sería	
serás	serías	
será	sería	
seremos	seríamos	
seréis	seríais	
serán	serían	
Present Perfect		*Present Perfect*
he sido		haya sido
has sido		hayas sido
ha sido		haya sido
hemos sido		hayamos sido
habéis sido		hayáis sido
han sido		hayan sido
Past Perfect		*Past Perfect*
había sido		hubiera(-iese) sido
habías sido		hubieras sido
había sido		hubiera sido
habíamos sido		hubiéramos sido
habíais sido		hubierais sido
habían sido		hubieran sido
Future Perfect	*Perfect*	
habré sido	habría sido	
habrás sido, *etc.*	habrías sido, *etc.*	

IMPERATIVE: ¡Sé! . . . ¡Sed!

24. TENER (teniendo, tenido)

INDICATIVE	CONDITIONAL	SUBJUNCTIVE
Present		*Present*
tengo		tenga
tienes		tengas
tiene		tenga
tenemos		tengamos
tenéis		tengáis
tienen		tengan
Preterit		
tuve		
tuviste		
tuvo		
tuvimos		
tuvisteis		
tuvieron		
Past		*Past*
tenía		tuviera(-iese)
tenías		tuvieras
tenía		tuviera
teníamos		tuviéramos
teníais		tuvierais
tenían		tuvieran
Future	*Present*	
tendré	tendría	
tendrás	tendrías	
tendrá	tendría	
tendremos	tendríamos	
tendréis	tendríais	
tendrán	tendrían	
Present Perfect		*Present Perfect*
he tenido		haya tenido
has tenido		hayas tenido
ha tenido		haya tenido
hemos tenido		hayamos tenido
habéis tenido		hayáis tenido
han tenido		hayan tenido
Past Perfect		*Past Perfect*
había tenido		hubiera(-iese) tenido
habías tenido		hubieras tenido
había tenido		hubiera tenido
habíamos tenido		hubiéramos tenido
habíais tenido		hubierais tenido
habían tenido		hubieran tenido
Future Perfect	*Perfect*	
habré tenido	habría tenido	
habrás tenido, *etc.*	habrías tenido, *etc.*	

IMPERATIVE: ¡Ten! . . . ¡Tened!

25. TRAER (trayendo, traído)

INDICATIVE	CONDITIONAL	SUBJUNCTIVE
Present		*Present*
traigo		traiga
traes		traigas
trae		traiga
traemos		traigamos
traéis		traigáis
traen		traigan
Preterit		
traje		
trajiste		
trajo		
trajimos		
trajisteis		
trajeron		
Past		*Past*
traía		trajera(-ese)
traías		trajeras
traía		trajera
traíamos		trajéramos
traíais		trajerais
traían		trajeran
Future	*Present*	
traeré	traería	
traerás	traerías	
traerá	traería	
traeremos	traeríamos	
traeréis	traeríais	
traerán	traerían	
Present Perfect		*Present Perfect*
he traído		haya traído
has traído		hayas traído
ha traído		haya traído
hemos traído		hayamos traído
habéis traído		hayáis traído
han traído		hayan traído
Past Perfect		*Past Perfect*
había traído		hubiera(-iese) traído
habías traído		hubieras traído
había traído		hubiera traído
habíamos traído		hubiéramos traído
habíais traído		hubierais traído
habían traído		hubieran traído
Future Perfect	*Perfect*	
habré traído	habría traído	
habrás traído, *etc.*	habrías traído, *etc.*	

IMPERATIVE: ¡Trae! . . . ¡Traed!

26. VENIR (viniendo, venido)

INDICATIVE	CONDITIONAL	SUBJUNCTIVE
Present		*Present*
vengo		venga
vienes		vengas
viene		venga
venimos		vengamos
venís		vengáis
vienen		vengan
Preterit		
vine		
viniste		
vino		
vinimos		
vinisteis		
vinieron		
Past		*Past*
venía		viniera(-iese)
venías		vinieras
venía		viniera
veníamos		viniéramos
veníais		vinierais
venían		vinieran
Future	*Present*	
vendré	vendría	
vendrás	vendrías	
vendrá	vendría	
vendremos	vendríamos	
vendréis	vendríais	
vendrán	vendrían	
Present Perfect		*Present Perfect*
he venido		haya venido
has venido		hayas venido
ha venido		haya venido
hemos venido		hayamos venido
habéis venido		hayáis venido
han venido		hayan venido
Past Perfect		*Past Perfect*
había venido		hubiera(-iese) venido
habías venido		hubieras venido
había venido		hubiera venido
habíamos venido		hubiéramos venido
habíais venido		hubierais venido
habían venido		hubieran venido
Future Perfect	*Perfect*	
habré venido	habría venido	
habrás venido, *etc.*	habrías venido, *etc.*	

IMPERATIVE: ¡Ven! . . . ¡Venid!

27.   VER (viendo, visto)

INDICATIVE	CONDITIONAL	SUBJUNCTIVE
Present		*Present*
veo		vea
ves		veas
ve		vea
vemos		veamos
veis		veáis
ven		vean
Preterit		
vi		
viste		
vió		
vimos		
visteis		
vieron		
Past		*Past*
veía		viera(-iese)
veías		vieras
veía		viera
veíamos		viéramos
veíais		vierais
veían		vieran
Future	*Present*	
veré	vería	
verás	verías	
verá	vería	
veremos	veríamos	
veréis	veríais	
verán	verían	
Present Perfect		*Present Perfect*
he visto		haya visto
has visto		hayas visto
ha visto		haya visto
hemos visto		hayamos visto
habéis visto		hayáis visto
han visto		hayan visto
Past Perfect		*Past Perfect*
había visto		hubiera(-iese) visto
habías visto		hubieras visto
había visto		hubiera visto
habíamos visto		hubiéramos visto
habíais visto		hubierais visto
habían visto		hubieran visto
Future Perfect	*Perfect*	
habré visto	habría visto	
habrás visto, *etc.*	habrías visto, *etc.*	

IMPERATIVE: ¡Ve! . . . ¡Ved!

28. VOLVER[ue] (volviendo, vuelto)

INDICATIVE	CONDITIONAL	SUBJUNCTIVE
Present		*Present*
vuelvo		vuelva
vuelves		vuelvas
vuelve		vuelva
volvemos		volvamos
volvéis		volváis
vuelven		vuelvan
Preterit		
volví		
volviste		
volvió		
volvimos		
volvisteis		
volvieron		
Past		*Past*
volvía		volviera(-iese)
volvías		volvieras
volvía		volviera
volvíamos		volviéramos
volvíais		volvierais
volvían		volvieran
Future	*Present*	
volveré	volvería	
volverás	volverías	
volverá	volvería	
volveremos	volveríamos	
volveréis	volveríais	
volverán	volverían	
Present Perfect		*Present Perfect*
he vuelto		haya vuelto
has vuelto		hayas vuelto
ha vuelto		haya vuelto
hemos vuelto		hayamos vuelto
habéis vuelto		hayáis vuelto
han vuelto		hayan vuelto
Past Perfect		*Past Perfect*
había vuelto		hubiera(-iese) vuelto
habías vuelto		hubieras vuelto
había vuelto		hubiera vuelto
habíamos vuelto		hubiéramos vuelto
habíais vuelto		hubierais vuelto
habían vuelto		hubieran vuelto
Future Perfect	*Perfect*	
habré vuelto	habría vuelto	
habrás vuelto, *etc.*	habrías vuelto, *etc.*	

IMPERATIVE: ¡Vuelve! . . . ¡Volved!

29. ABRIR. Regular except perfect participle **abierto.**

> He abierto, había abierto, habría abierto, etc.

30. ACERCAR. Regular, except that **c** of the final syllable (**car**) changes to **qu** before the ending **-e.**

> *Preterit:* acerqué, acercaste, acercó, acercamos, acer-
> casteis, acercaron
> *Present Subjunctive:* acerque, acerques, acerque, acerquemos, acer-
> quéis, acerquen
> *Polite Command:* ¡Acerque V.! . . . ¡Acerquen Vds.!

31. BUSCAR. Regular, except that **c** changes to **qu** before **-e.**

> *Preterit:* busqué, buscaste, buscó, buscamos, buscasteis,
> buscaron
> *Present Subjunctive:* busque, busques, busque, busquemos, busquéis,
> busquen
> *Polite Command:* ¡Busque V.! . . . ¡Busquen Vds.!

32. CREER. Between vowels, **y** replaces unaccented **i.**

> *Present Participle:* creyendo
> *Perfect Participle:* creído
> *Preterit:* creí, creíste, creyó, creímos, creísteis, creyeron
> *Past Subjunctive:* creyera(-ese), creyeras, creyera, creyéramos, cre-
> yerais, creyeran

33. DESCRIBIR. Regular except perfect participle **descrito.**

> He descrito, había descrito, habría descrito, etc.

34. DISTINGUIR. The **u** is inserted in the infinitive to indicate the hard sound of **g.** Before the endings beginning with **a** or **o**, this **u** is unnecessary and is dropped.

> *Present Indicative:* distingo, distingues, distingue, distinguimos,
> distinguís, distinguen
> *Present Subjunctive:* distinga, distingas, distinga, distingamos, etc.
> *Polite Command:* ¡Distinga V.! . . . ¡Distingan Vds.!

35. EMPEZAR(ie). A radical-changing verb and perfectly regular, except that **z** changes to **c** before **e.**

Present Indicative: empiezo, empiezas, empieza, empezamos, empezáis, empiezan

Preterit: empecé, empezaste, empezó, empezamos, empezasteis, empezaron

Present Subjunctive: empiece, empieces, empiece, empecemos, empecéis, empiecen

Imperative: ¡Empieza! . . . ¡Empezad!

Polite Command: ¡Empiece V.! . . . ¡Empiecen Vds.!

36. ESCRIBIR. Regular except perfect participle **escrito.**

He escrito, había escrito, habría escrito, etc.

37. EXPLICAR. Regular, except that **c** changes to **qu** before **-e.**

Preterit: expliqué, explicaste, explicó, explicamos, explicasteis, explicaron

Present Subjunctive: explique, expliques, explique, expliquemos, expliquéis, expliquen

Polite Command: ¡Explique V.! . . . ¡Expliquen Vds.!

38. HABER. Used principally as an auxiliary to form perfect tenses, and in **hay, había,** etc. (*there are, there were, etc.*).

Present Participle: habiendo

Perfect Participle: habido

Present Indicative: he, has, ha (hay), hemos, habéis, han

Preterit: hube, hubiste, hubo, hubimos, hubisteis, hubieron

Past Indicative: había, habías, había, etc.

Future: habré, habrás, etc.

Conditional: habría, habrías, etc.

Present Subjunctive: haya, hayas, haya, hayamos, hayáis, hayan

Past Subjunctive: hubiera(-iese), hubieras, hubiera, etc.

39. JUGAR(ue). A radical-changing verb and perfectly regular, except that **g** becomes **gu** before **-e.**

Present Indicative: juego, juegas, juega, jugamos, jugáis, juegan

Preterit: jugué, jugaste, jugó, jugamos, jugasteis, jugaron

Present Subjunctive: juegue, juegues, juegue, juguemos, juguéis, jueguen

Imperative: ¡Juega! . . . ¡Jugad!

Polite Command: ¡Juegue V.! . . . ¡Jueguen Vds.!

40. LEER. Between vowels, **y** replaces unaccented **i**.

Present Participle: leyendo
Perfect Participle: leído
Preterit: leí, leíste, leyó, leímos, leísteis, leyeron
Past Subjunctive: leyera(-ese), leyeras, leyera, leyéramos, leyerais, leyeran

41. LLEGAR. Regular, except that **g** becomes **gu** before **-e**.

Preterit: llegué, llegaste, llegó, llegamos, llegasteis, llegaron
Present Subjunctive: llegue, llegues, llegue, lleguemos, lleguéis, lleguen
Polite Command: ¡Llegue V.! . . . ¡Lleguen Vds.!

42. MORIR(ue-u).

Present Participle: muriendo
Perfect Participle: muerto
Present Indicative: muero, mueres, muere, morimos, morís, mueren
Preterit: morí, moriste, murió, morimos, moristeis, murieron
Present Subjunctive: muera, mueras, muera, muramos, muráis, mueran
Past Subjunctive: muriera(-iese), murieras, muriera, muriéramos, murierais, murieran
Imperative: ¡Muere! . . . ¡Morid!
Polite Command: ¡Muera V.! . . . ¡Mueran Vds.!

43. PAGAR. Regular, except that **g** becomes **gu** before **-e**.

Preterit: pagué, pagaste, pagó, pagamos, pagasteis, pagaron
Present Subjunctive: pague, pagues, pague, paguemos, paguéis, paguen
Polite Command: ¡Pague V.! . . . ¡Paguen Vds.!

44. PARECER. Verbs ending in **-cer** or **-cir** following a vowel, insert **z** before the **c** in:
    (a) present indicative (first person singular)
    (b) present subjunctive (all forms).

Present Indicative:	parezco, pareces, parece, parecemos, parecéis, parecen
Present Subjunctive:	parezca, parezcas, parezca, parezcamos, parezcáis, parezcan
Polite Command:	¡Parezca V.! . . . ¡Parezcan Vds.!

45. **PRODUCIR.** Verbs ending in **–cer** or **–cir** following a vowel, insert **z** before the **c** in:

    (a)   present indicative (first person singular)

    (b)   present subjunctive (all forms).

Present Indicative:	produzco, produces, produce, producimos, producís, producen
Present Subjunctive:	produzca, produzcas, produzca, produzcamos, produzcáis, produzcan
Polite Command:	¡Produzca V.! . . . ¡Produzcan Vds.!

46. **REPETIR(i-i).**

Present Participle:	repitiendo
Perfect Participle:	repetido
Present Indicative:	repito, repites, repite, repetimos, repetís, repiten
Preterit:	repetí, repetiste, repitió, repetimos, repetisteis, repitieron
Present Subjunctive:	repita, repitas, repita, repitamos, repitáis, repitan
Past Subjunctive:	repitiera(-iese), repitieras, repitiera, repitiéramos, repitierais, repitieran
Imperative:	¡Repite! . . . ¡Repetid!
Polite Command:	¡Repita V.! . . . ¡Repitan Vds.!

47. **SACAR.** Regular, except that **c** changes to **qu** before **–e.**

Preterit:	saqué, sacaste, sacó, sacamos, sacasteis, sacaron
Present Subjunctive:	saque, saques, saque, saquemos, saquéis, saquen
Polite Command:	¡Saque V.! . . . ¡Saquen Vds.!

48. **SALIR.**

Present Participle:	saliendo
Perfect Participle:	salido
Present Indicative:	salgo, sales, sale, salimos, salís, salen
Future:	saldré, saldrás, etc.
Conditional:	saldría, saldrías, etc.

Present Subjunctive:	salga, salgas, salga, salgamos, salgáis, salgan
Imperative:	¡Sal! . . . ¡Salid!
Polite Command:	¡Salga V.! . . . ¡Salgan Vds.!

49. SEGUIR(i-i).

Present Participle:	siguiendo
Perfect Participle:	seguido
Present Indicative:	sigo, sigues, sigue, seguimos, seguís, siguen
Preterit:	seguí, seguiste, siguió, seguimos, seguisteis, siguieron
Past:	seguía, seguías, etc.
Present Subjunctive:	siga, sigas, siga, sigamos, sigáis, sigan
Past Subjunctive:	siguiera(-iese), siguieras, siguiera, siguiéramos, siguierais, siguieran
Imperative:	¡Sigue! . . . ¡Seguid!
Polite Command:	¡Siga V.! . . . ¡Sigan Vds.!

50. SENTIR(ie-i).

Present Participle:	sintiendo
Perfect Participle:	sentido
Present Indicative:	siento, sientes, siente, sentimos, sentís, sienten
Preterit:	sentí, sentiste, sintió, sentimos, sentisteis, sintieron
Present Subjunctive:	sienta, sientas, sienta, sintamos, sintáis, sientan
Past Subjunctive:	sintiera(-iese), sintieras, sintiera, sintiéramos, sintierais, sintieran
Imperative:	¡Siente! . . . ¡Sentid!
Polite Command:	¡Sienta V.! . . . ¡Sientan Vds.!

51. TRADUCIR.   Verbs ending in **-cer** or **-cir** following a vowel, insert **z** before the **c** in:

> (a)   present indicative (first person singular)
> (b)   present subjunctive (all forms).

Present Indicative:	traduzco, traduces, traduce, traducimos, traducís, traducen
Present Subjunctive:	traduzca, traduzcas, traduzca, traduzcamos, traduzcáis, traduzcan
Polite Command:	¡Traduzca V.! . . . ¡Traduzcan Vds.!

52. VALER.

Present Participle:	valiendo
Perfect Participle:	valido
Present Indicative:	valgo, vales, vale, valemos, valéis, valen
Future:	valdré, valdrás, etc.
Conditional:	valdría, valdrías, etc.
Present Subjunctive:	valga, valgas, valga, valgamos, valgáis, valgan
Imperative:	¡Val (*or* Vale)! . . . ¡Valed!
Polite Command:	¡Valga V.! . . . ¡Valgan Vds.!

VOCABULARY

(Note carefully: Irregular forms of the first person singular of the present indicative, preterit, present subjunctive, and of the perfect participle are indicated thus: [(1) ———; (2) ———; (3) ———; (4) ———]. For example:

hacer [(1) hago; (2) hice; (3) haga; (4) hecho]
preferir [(1) prefiero; (3) prefiera]
escribir [(4) escrito]

A

a at, in, to; **al** (+ *infin.*), on, upon; **al llegar,** on arriving

abogado *m.* lawyer

abril *m.* April

abrir [(4) abierto] open

acabar end, finish; — **de** + *infin.*, to have just done something

acercarse (**a**) [(2) acerqué; (3) acerque] approach, come near to

aconsejar advise

acostarse [(1) me acuesto; (3) me acueste] go to bed

adiós good-bye

afeitar shave; **afeitarse,** shave oneself

agosto *m.* August

agua *f.* water

ahora now

ahorrar save

alcoba *f.* bedroom

alegrarse be glad; — **de** + *infin.*, be glad to; — **de que,** be glad that

alegre happy, gay

alemán (*adj.*) German; **el —,** German (language); the German

Alemania *f.* Germany

algo something, anything

algodón *m.* cotton

alguno (**algún**) some, any

alto high; **el piso —,** the upper floor

alumno (**alumna**) *m.* (*f.*) pupil

allí there

amar love

amarillo yellow

América del Norte *f.* North America

América del Sur *f.* South America

americano (*adj.*) American; **el —,** the American

amigo (**amiga**) *m.* (*f.*) friend

ancho broad, wide
andar [(2) **anduve**] walk
antes de before (*time*); —— **que**
(*conj.*), before
antiguo old, ancient
anuncio *m.* announcement, advertisement
año *m.* year
apenas hardly, scarcely
aprender learn
aquel, aquella (*dem. adj.*) that, those (*distant*)
aquél, aquélla, aquello (*dem. pron.*) that (one), the former
aquí here
árbol *m.* tree
arte (*m. in sing., f. in plur.*) art
artista *m.* artist
así thus, so
asistir (**a**) attend, be present at
aumentar augment, increase
aunque although
auto (*shortened from* **automóvil**) *m.* auto, car; **en** —, by car
ayer yesterday
ayudar aid, help
azúcar *m.* sugar
azul blue

B

bailar dance
bajar go down
bajo low; **el piso** —, the ground floor; (*prep.*) below, under
banco *m.* bank
barato cheap

bastante enough, quite
bastar be enough, suffice
beber drink
bien well
blanco white
bondad *f.* kindness; **tenga V. la** — **de,** have the kindness to, please
bonito pretty
bosque *m.* forest
botella *f.* bottle
bueno good
buscar [(2) **busqué**; (3) **busque**] look for, seek

C

caballo *m.* horse
cabeza *f.* head
cada (*indef. adj.*) each, every
caer [(1) **caigo**; (2) **caí**; (3) **caiga**; (4) **caído**] fall
café *m.* coffee; café
caliente hot
calor *m.* heat; **hacer** —, be warm, hot (*of weather*); **tener** —, be warm (*of persons*)
calle *f.* street
camino *m.* road
camisa *f.* shirt
campesino *m.* farmer
campo *m.* field, country
cansado tired
cansarse get tired
cantar sing
capital *f.* capital
carbón *m.* coal
Carlos Charles
carne *f.* meat
caro dear, expensive

carta *f.* letter

casa *f.* house, home; **a —**, home (*motion*); **en —**, (at) home

casa de correos *f.* post office

casi almost

catorce fourteen

centro *m.* middle, center; **ir al —**, go down town

cerca de (*prep.*) near

cerrar [(1) **cierro**; (3) **cierre**] close

ciento (cien) hundred

cigarro *m.* cigar

cinco five

cincuenta fifty

cine *m.* moving-picture theater, "movies"

ciudad *f.* city

clase *f.* class; kind, sort

clima *m.* climate

cobre *m.* copper

cocina *f.* kitchen; cuisine, cooking

color *m.* color; **¿de qué — es?** what color is it?

comedia *f.* comedy; play

comedor *m.* dining room

comer eat

comercio *m.* commerce

comida *f.* meal; dinner

como (*conj.*) as, like, how; **¿cómo?** how?

compra *f.* purchase; **ir de — s**, go shopping

comprar buy

comprender understand

común common, usual; **por lo —**, usually

con with

conmigo with me

conocer [(1) **conozco**; (3) **conozca**] know, be acquainted with

contar [(1) **cuento**; (3) **cuente**] count; relate, tell

contestar answer, reply

conversación *f.* conversation

copiar copy

corbata *f.* necktie

correctamente correctly

correr run

cortés courteous

corto short

cosa *f.* thing; **otra —**, something else

costa *f.* coast, shore

costar [(1) **cuesto**; (3) **cueste**] cost

creer [(4) **creído**] believe; think

cuaderno *m.* notebook

cuadrado square

cuadro *m.* picture

cuál(-es) which, what; **el cual, la cual** (*rel. pron.*), who, which

cuando (*conj.*) when; **cuándo** (*inter. adv.*), when

cuánto how much (many); **cuanto,** as much (many)

cuarenta forty

cuarto *m.* room; quarter; (*adj.*) fourth

cuarto de baño *m.* bathroom

cuatro four

cuenta *f.* bill

cuidadoso careful; **cuidadosamente,** carefully

cuyo (*poss. rel. adj.*) whose, of whom, of which

CH

charlar chat; talk

D

dar [(1) **doy**; (2) **di**; (3) **dé**; (4) **dado**] give; — **un paseo,** take a walk, ride

de of, from; than; in

deber owe; ought, should, must

decir [(1) **digo**; (2) **dije**; (3) **diga**; (4) **dicho**] say, tell; **es** —, that is to say; **querer** —, mean

dejar leave; let, permit; — **de,** stop

delante de in front of

demás (**lo, los, las**) the rest, the others

demasiado too, too much

desayunarse breakfast

desayuno *m.* breakfast

descansar rest

describir [(4) **descrito**] describe

desde from, since

desear wish, desire

despedirse de [(1) **me despido**; (3) **me despida**] take leave of, say good-bye to

despertar [(1) **despierto**; (3) **despierte**] awaken (*another*); **despertarse,** wake up

después afterwards, then; — **de** (*prep.*), after; — **de que** (*conj.*), after

detrás de back of, behind

día *m.* day; **todos los** —**s,** every day; **¡buenos** —**s!** good morning!

diccionario *m.* dictionary

diciembre *m.* December

diez ten

diferencia *f.* difference

diferente different

difícil hard, difficult

dificultad *f.* difficulty

diligente diligent, industrious

dinero *m.* money

dispensar excuse; **¡dispense!** excuse me!

distinguir [(1) **distingo**; (2) **distinguí**; (3) **distinga**; (4) **distinguido**] distinguish

distinto distinct; **distintamente,** distinctly

divertirse [(1) **me divierto**; (3) **me divierta**] have a good time

doce twelve

dólar *m.* dollar

domingo *m.* Sunday

donde (*conj.*) where; **dónde** (*inter. adv.*), where

dormir [(1) **duermo**; (3) **duerma**] sleep; **dormirse,** go to sleep

dos two

drama *m.* drama; play

dramaturgo *m.* dramatist

dudar doubt

durante during

E

edificio *m.* public building

ejemplo *m.* example; **por** —, for example

ejercicio *m.* exercise

él he, it; (*after a prep.*), him, it

ella (-s) she, it; (*after a prep.*) her, it; they

ellos (-as) they; (*after a prep.*) them

embargo : sin —, nevertheless

empezar [(1) **empiezo;** (2) **empecé;** (3) **empiece**] begin

emplear employ, use

en in, into, at, by; on

encontrar [(1) **encuentro;** (3) **encuentre**] meet; find; **encontrarse,** be found; be located

enero *m.* January

enfermo sick

enorme enormous

enseñar teach, show

entender [(1) **entiendo;** (3) **entienda**] hear, understand

entero entire, whole

entonces then

entrar (en) enter

entre between, among

escalera *f.* stairway

escribir [(4) **escrito**] write

escritor *m.* writer

escuchar listen, listen to

escuela *f.* school; **a la —,** to school

ese, esa that, those (*of yours, near you*)

ése, ésa, eso that (one); **por eso,** therefore; **eso es,** that is so (right)

España *f.* Spain

español (*adj.*) Spanish; **el —,** Spanish (language); the Spaniard

esperar wait (for); hope

estación *f.* station; season

estado *m.* state; **los Estados Unidos,** the United States

estar [(1) **estoy;** (2) **estuve;** (3) **esté**] be

este, esta (*dem. adj.*) this, these; **éste, ésta** (*dem. pron.*), this one, these; the latter

estrecho narrow

estudiante *m.* student

estudiar study

Europa Europe

examen *m.* examination

explicar [(2) **expliqué;** (3) **explique**] explain

extensión *f.* area

extranjero foreign

F

fábrica *f.* factory

fácil easy; **—mente,** easily

falta *f.* mistake

familia *f.* family

famoso famous

favor *m.* favor; **por —,** please; **hágame V. el — de,** please

febrero *m.* February

feliz happy

ferrocarril *m.* railroad

fiesta *f.* festival, holiday

fin *m.* end; **al —,** finally, at last

flor *f.* flower

francés (*adj.*) French; **el —,** French (language); the Frenchman

Francia France

frase *f.* sentence

fresco cool; **hacer —,** be cool (*of weather*)

frío *m.* cold; (*adj.*) cold; **hacer —,** be cold (*of weather*); **tener —,** be cold (*of persons*)

fruta *f.* fruit

fuente *f.* spring, source

fumar smoke

G

gabán *m.* overcoat

galería *f.* art gallery

gallina *f.* hen

gana *f.* desire; **tener —s de,** want to

ganar gain; earn; **ganarse la vida,** earn a living

gente *f.* people, crowd

gozar (de) enjoy

gracias thank you; **muchas —s,** thank you very much

gramática *f.* grammar

grande large; tall; great

guante *m.* glove

gustar please (like); **no me gusta su libro,** I don't like his book

gusto *m.* taste; pleasure; **con mucho —,** gladly

H

haber (*auxiliary verb for perfect tenses*) [(1) **he;** (2) **hube;** (3) **haya**] have

habitante *m.* inhabitant

hablar speak

hacer [(1) **hago;** (2) **hice;** (3) **haga;** (4) **hecho**] make, do; **hace calor, frío,** *etc.,* it is warm, cold, *etc.;* **hace dos**

años, two years ago; **hacerse,** be made; become, get; **— un viaje,** take a trip

hacienda *f.* farm, estate

hallar find; **hallarse,** be, be found

hambre *f.* hunger; **tener —,** be hungry

hasta to, up to, as far as, until; even; **— que** (*conj.*), until; **— la vista,** good-bye

hay (*impersonal form of* **haber**) there is, there are; **no — de qué,** you're welcome, don't mention it; **— que estudiar,** it is necessary to study.

hermano (hermana) *m.* (*f.*) brother (sister)

hermoso beautiful, handsome

hierro *m.* iron

higo *m.* fig

higuera *f.* fig tree

hijo (hija) *m.* (*f.*) son (daughter); **los —s,** children

historia *f.* history; story

histórico historical

hombre *m.* man; ¡**—!** man alive! gee!

hora *f.* hour; ¿**a qué — llegamos?** when do we arrive?; ¿**qué hora es?** what time is it?

hotel *m.* hotel

hoy today

I

iglesia *f.* church

importante important

imposible impossible

Inglaterra *f.* England

inglés (*adj.*) English; **el —,** English (language); the Englishman

inteligente intelligent

interesante interesting

interesar interest; **interesarse por,** be interested in

investigar investigate

invierno *m.* winter

ir [(1) **voy;** (2) **fuí;** (3) **vaya;** (4) **ido**] go; **— de compras,** go shopping; **— a pie,** go on foot, walk; **irse,** go away

J

jardín *m.* garden

joven young

Juan John

jueves *m.* Thursday

jugar [(1) **juego;** (2) **jugué;** (3) **juegue**] play

julio *m.* July

junio *m.* June

L

lana *f.* wool

lápiz *m.* pencil

largo long

lástima *f.* pity; **¡qué —!** what a pity! it's too bad!

lavar wash; **lavarse,** wash oneself

lección *f.* lesson

leche *f.* milk

leer [(4) **leído**] read

legumbre *f.* vegetable

lejos de far from; **a lo lejos,** far, far away

lengua *f.* language

lentamente slowly

levantarse get up

librería *f.* bookstore

librero *m.* bookseller

libro *m.* book

línea *f.* line

lista *f.* list; bill of fare; **pasar —,** call the roll

literario literary

literatura *f.* literature

luego then, soon; **¡hasta —!** see you soon

lunes *m.* Monday

Ll

llamar call, name; **llamarse,** be named, be called; **se llama Juan,** his name is John

llanura *f.* plain

llegar [(2) **llegué;** (3) **llegue**] arrive

lleno full

llevar carry; wear

llover [(1) **llueve;** (3) **llueva**] rain

M

madre *f.* mother

maestro (maestra) *m.* (*f.*) teacher; master

magnífico magnificent

maíz *m.* corn

mal badly, poorly

malo bad; ill; **estar —,** be ill, sick; **ser —,** be bad

mandar command; send
mano *f.* hand
mantequilla *f.* butter
mañana *f.* morning; (*adv.*) to-morrow; **— por la —,** to-morrow morning
mapa *m.* map
María Mary
martes *m.* Tuesday
marzo *m.* March
más more; **nada —,** nothing else; **— tarde,** later; **a lo —,** at the most
mayo *m.* May
mayor larger, greater, older; **la — parte de,** most of
media *f.* stocking
médico *m.* doctor, physician
medio (*adj.*) half; **son las tres y media,** it is half past three
mejor better
memoria *f.* memory; **de —,** by heart
mencionar mention
menos less; except; **por lo —,** at least, **al —,** at least; **a — que,** unless
menudo: a —, often
mes *m.* month
mesa *f.* table; plateau, plain
metro *m.* subway
mexicano (-a) *m.* (*f.*) Mexican; *also adj.*
México *m.* Mexico
mi my
mientras while
miércoles *m.* Wednesday
mil thousand
milla *f.* mile
mina *f.* mine

mineral *m.* mineral
minuto *m.* minute
mío (*poss. adj.*) my, of mine; **el —** (*poss. pron.*), mine
mirar look at
mismo same, self; **lo —,** the same thing
moderno modern
modo *m.* way, manner; **de este —,** in this way; **de — que,** so that; **de todos —s,** anyhow, at any rate; **de ningún —,** not at all; **de otro —,** otherwise
montaña *f.* mountain
morir [(1) **muero;** (3) **muera;** (4) **muerto**] die
mostrar(ue) show
mozo *m.* waiter
muchacho (muchacha) *m.* (*f.*) boy (girl)
mucho much, many; a great deal [of]
mujer *f.* woman; wife
mundo *m.* world; **todo el —,** everybody
museo *m.* museum
música *f.* music
muy very

N

nada nothing, not anything; **de —,** you're welcome, don't mention it
nadar swim
nadie nobody, no one
naranja *f.* orange
naranjo *m.* orange tree
natural natural

necesario necessary
necesitar need
negro black
nevar [(1) **nieva**; (3) **nieve**]
snow
ni neither, nor
ninguno (ningún) no, not any
niño (niña) *m*. (*f*.) child
no no, not
noche *f*. night; ¡buenas —s!
good night!; **esta —,** tonight
nombre *m*. name
norte *m*. north; **la América del
Norte,** North America
nosotros(-as) we; us
nota *f*. class grade; **sacar buenas —s,** get good grades
noticias (**las**; *f. plur.*) the
news
novela *f*. novel
noventa ninety
noviembre *m*. November
nuestro(-a) our
nueve nine
nuevo new
nunca never

O

o [u] or
obra *f*. work
octubre *m*. October
ocupado occupied; busy
ochenta eighty
ocho eight
oficina *f*. office
oír [(1) **oigo**; (2) **oí**; (3) **oiga**;
(4) **oído**] hear
oliva *f*. olive
olivo *m*. olive tree

olvidar forget
once eleven
oportunidad *f*. opportunity
oro *m*. gold
otoño *m*. autumn
otro other, another
oveja *f*. sheep

P

Pablo Paul
padre *m*. father; **los —s,** the
parents
pagar [(2) **pagué**; (3) **pague**]
pay (for)
página *f*. page
país *m*. country
pájaro *m*. bird
palabra *f*. word
palacio *m*. palace
pan *m*. bread
panadería *f*. bakery
panadero *m*. baker
papel *m*. paper
para for, to, in order to; **— que**
(*conj*.), in order that
parecer [(1) **parezco**; (3) **pa-
rezca**] appear, seem
pared *f*. wall
pariente *m*. relative
parte *f*. part; **la mayor — de,**
the majority of, most of;
por todas —s, everywhere
pasar pass, spend (*time*); **el
año pasado,** last year
paseo *m*. walk; **dar un —,** take
a walk (or ride)
patata *f*. potato
pedir [(1) **pido**; (3) **pida**] ask
for, order

pensar [(1) **pienso**; (3) **piense**]
think; — **en,** think of, about;
— **+** *infin.,* intend

peor worse

pequeño small

perder [(1) **pierdo**; (3) **pierda**]
lose

perezoso lazy

perfecto perfect

periódico *m.* newspaper

pero but

persona *f.* person

pesar: a — de, in spite of

petróleo *m.* petroleum, oil

pie *m.* foot; **estar de —,** stand,
be standing; **ponerse en —,**
stand up, rise

pintoresco picturesque

pintura *f.* painting

piso *m.* floor, story; **— bajo,**
ground floor; **— principal,**
second floor; **— alto,** second
floor

pizarra *f.* blackboard

plata *f.* silver

plaza *f.* public square

plomo *m.* lead

pluma *f.* pen

plumafuente *f.* fountain pen

pobre poor

poco little; (*plur.*) few; (*adv.*)
little, not much

poder [(1) **puedo**; (2) **pude**;
(3) **pueda**] be able, can

poeta *m.* poet

poético poetic

poner [(1) **pongo**; (2) **puse**;
(3) **ponga**; (4) **puesto**] place,
put; **ponerse,** become, get;
ponerse en pie, stand up, rise

por by, in, at, for, through,
in exchange for; — **eso,** therefore; — **todas partes,** everywhere

¿por qué? why?

porque because

posible possible

práctica *f.* practice

preciso necessary; **ser —,** be
necessary

preferir [(1) **prefiero**; (3) **pre-
fiera**] prefer

preguntar ask

preparar prepare

primavera *f.* spring

primero first; (*adv.*) first

primo (prima) *m.* (*f.*) cousin

principal principal

prisa *f.* haste; hurry; **de —,**
fast, quickly; **tener —,** be in
a hurry

probable probable

producir [(1) **produzco**; (3)
produzca] produce

profesor *m.* professor

progreso *m.* progress

pronto soon

pronunciación *f.* pronunciation

pronunciar pronounce

propina *f.* tip

próximo next

publicar publish

pueblo *m.* village

puerta *f.* door

Q

que (*rel. pron.*) who, whom,
that, which; (*conj.*) as, than,

that; **hasta** —, until; **hay** —,
it is necessary to, one must
¿qué? what? which?; **¿— tal?,**
how are you?; **¿— hora es?**
what time is it?; **no hay de**
—, you are welcome
quedar remain, stay; **quedarse,**
remain, stay
querer [(1) **quiero**; (2) **quise**;
(3) **quiera**] wish; love; — **de-**
cir, mean; **¿qué quiere decir**
la palabra? what does the
word mean?
queso *m.* cheese
quien (*rel. pron.*) who, whom;
quién (*inter. pron.*), who?,
whom? **¿de** —?, whose?
quince fifteen

R

razón *f.* right, reason; **tener** —,
be right
recibir receive
recordar [(1) **recuerdo**; (3) **re-**
cuerde] remember
regañar scold
regla *f.* rule
reina *f.* queen
reír [(1) **río**; (3) **ría**; (4) **reído**]
laugh
relación *f.* relation; **entrar en**
relaciones con, enter into
business relations with
reloj *m.* watch
repasar review
repaso *m.* review
repetición *f.* repetition
repetir [(1) **repito**; (3) **repita**]
repeat

restaurante *m.* restaurant
rey *m.* king
rico rich
río *m.* river
riqueza *f.* riches, wealth
Roberto Robert
rodear surround
rojo red
ropa *f.* clothing

S

sábado *m.* Saturday
saber [(1) **sé**; (2) **supe**; (3)
sepa] know (*a fact*)
sacar [(2) **saqué**; (3) **saque**]
pull out, draw out; — **buenas**
notas, get good grades
sala *f.* living room; — **de clase,**
classroom
salir (de) [(1) **salgo**; (3) **salga**]
go out, leave
salud *f.* health
sano healthy, healthful
sastre *m.* tailor
sastrería *f.* tailor shop
se (*reflex. pron.*) himself, herself, yourself, themselves;
each other, one another; *sub-*
stitute for **le, les**
sed *f.* thirst; **tener** —, be
thirsty
seda *f.* silk
seguida: en —, at once, immediately
seguir [(1) **sigo**; (3) **siga**]
follow; go on, continue
segundo second
seis six
semana *f.* week
semejante similar

sencillo simple

sentarse [(1) me siento; (3) me siente] sit down; **sentado,** seated

sentir [(1) siento; (3) sienta] feel; regret; **lo siento, siento mucho,** I am sorry; **sentirse bien,** feel well

señor (Sr.) *m.* Mr., sir

señora (Sra.) *f.* Mrs.

señorita *f.* Miss

septiembre *m.* September

ser [(1) soy; (2) fuí; (3) sea; (4) sido] be

servir [(1) sirvo; (3) sirva] serve

sesenta sixty

setenta seventy

si if

sí yes

siempre always; — que, whenever

siete seven

silla *f.* chair

sin without; — **embargo,** nevertheless

sino but; except

sobre above, over, upon; about, concerning; — **todo,** above all, especially

sol *m.* sun; **hace** —, the sun is shining

solo only; **solamente** only

sombrerería *f.* hat shop

sombrero *m.* hat

sopa *f.* soup

su his, her, its, your, their

subir go up; — **a un tren (automóvil),** get into a train (auto)

subterráneo *m.* subway

suelo *m.* floor

sueño *m.* sleep; **tener** —, be sleepy

sur *m.* south; **la América del Sur,** South America

suyo (el) [*poss. pron.*] his, hers, yours, theirs

T

tal such, such a; — **vez,** perhaps; **¿qué** —? how are you? how goes it?

también also

tan as, so; **tan . . . como,** as . . . as

tanto (*adj.*) as much (many); so much (many); (*adv.*) so much; — **como,** as much as

tarde *f.* afternoon; **ayer por la** —, yesterday afternoon; **mañana por la** —, tomorrow afternoon; **buenas** —s, good afternoon; (*adv.*) late

taza *f.* cup

teatro *m.* theater

temer fear

temprano early

tener [(1) tengo; (2) tuve; (3) tenga] have, hold; — **años,** be years old; — **que** + *infin.*, have to, must; — **calor** (*of persons*), be warm; — **frío** (*of persons*), be cold; — **ganas de** + *infin.*, desire, wish; — **hambre,** be hungry; — **prisa,** be in a hurry; — **razón,** be right; — **sed,** be thirsty; — **sueño,** be sleepy

tercero third
terminar end, finish
tiempo *m.* time; weather; **a —,** on time; **hace buen —,** it is good weather; **hace mal —,** it is bad weather
tienda *f.* store, shop
tinta *f.* ink
tío *m.* **(la tía)** uncle (aunt)
tiza *f.* chalk
todavía still, yet; **— no,** not yet
todo all, every; everything; **— el mundo,** everybody
tomar take; **— el desayuno,** take breakfast
trabajar work
trabajo *m.* work
traducción *f.* translation
traducir [(1) **traduzco;** (3) **traduzca**] translate
traer [(1) **traigo;** (2) **traje;** (3) **traiga;** (4) **traído**] bring
traje *m.* suit of clothes
tranquilo tranquil, quiet
tratar (de + *infin.*) try; **tratarse de,** be a matter of
trece thirteen
treinta thirty
tren *m.* train; **por —,** by train
tres three
trigo *m.* wheat
triste sad
tu your (*familiar sing.*)
tú you (*familiar sing.*)

U

último last
un(o), una a; one; **unos(-as)** some; a pair of

universidad *f.* university
usted, ustedes (V., Vd.; VV., Vds.) you
útil useful
uva *f.* grape

V

vaca *f.* cow
vacaciones *f. plur.* vacation
vacío vacant, empty
valer [(1) **valgo;** (3) **valga**] be worth
vaso *m.* glass
veinte twenty
vender sell
venir [(1) **vengo;** (2) **vine;** (3) **venga**] come
ventana *f.* window
ver [(1) **veo;** (2) **vi;** (3) **vea;** (4) **visto**] see
verano *m.* summer
verdad *f.* truth; **¿no es —?** isn't it so? don't they? isn't he? *etc.*
verde green
vestido *m.* dress; clothes
vestirse [(1) **me visto;** (3) **me vista**] dress oneself, dress
vez *f.* time (*recurrence*); **una —,** once; **dos veces,** twice; **a la —,** at the same time; **a veces,** sometimes; **otra —,** again; **algunas veces,** sometimes; **muchas veces,** often; **de — en cuando,** from time to time; **en — de,** instead of; **tal —,** perhaps
viajar travel
viaje *m.* trip, journey; **hacer un —,** take a trip

vida *f.* life

viejo old

viernes *m.* Friday

vino *m.* wine

visitar visit

vista *f.* sight, view; **hasta la —,** good-bye, au revoir

vivir live

vocabulario *m.* vocabulary

volver [(1) **vuelvo;** (3) **vuelva;** (4) **vuelto**] return; **— a** + *infin.,* do something again

vosotros(-as) you (*familiar plur.*)

vuestro(-a) your (*familiar plur.*)

Y

y [e] and

ya already; **— no,** no longer

yo I

Z

zapatería *f.* shore store

zapato *m.* shoe

VOCABULARY

Note: In giving Spanish verbs, the irregular forms of the first person singular of the present indicative, preterit, present subjunctive, and of the perfect participle are indicated thus: [(1) ————; (2) ————; (3) ————; (4) ————]. For example:

hacer [(1) hago; (2) hice; (3) haga; (4) hecho]
preferir [(1) prefiero; (3) prefiera]
escribir [(4) escrito]

A

a, an un(o), una
able: be —, poder [(1) puedo; (2) pude; (3) pueda]
above sobre; **— all,** sobre todo
advertisement anuncio *m.*
advise aconsejar
after (*prep.*) después de; (*conj.*) después de que
afternoon tarde *f.*; **tomorrow —,** mañana por la tarde; **good —!** ¡buenas tardes!
afterwards después
again otra vez; **do something —,** volver a.+ *infin.*
ago hace; **five years —,** hace cinco años
aid ayudar
all todo; **not at —,** de ningún modo
almost casi

already ya
also también
although aunque
always siempre
American americano; americano *m.* (americana *f.*)
among entre
ancient antiguo
and y [e]
announcement anuncio *m.*
another otro
answer contestar
anything algo; **not —,** nada
anyway de todos modos
appear parecer [(1) parezco; (3) parezca]
approach acercarse a [(2) acerqué; (3) acerque]
April abril *m.*
area extensión *f.*
arrive llegar [(2) llegué; (3) llegue]
art arte (*m. in sing., f. in plur.*)

art gallery   galería *f.*
artist   artista *m.* (*f.*)
as   como; **as . . . as,**   tan
   . . . como
as far as   hasta
ask   preguntar; — **for,** pedir
   [(1) pido; (3) pida]
at   a, en; — **home,**   en casa
attend   asistir a
August   agosto *m.*
aunt   tía *f.*
automobile   automóvil (auto)
   m.; **by —,** en auto
autumn   otoño *m.*

B

back of   detrás de
bad   malo; **it's too —,**   es
   lástima.
badly   mal
baker   panadero *m.*
bakery   panadería *f.*
bank   banco *m.*
bathroom   cuarto de baño *m.*
be   ser [(1) soy; (2) fuí; (3)
   sea; (4) sido]; estar [(1)
   estoy; (2) estuve; (3) esté;
   (4) estado]; — **hot, cold** (*of
   people*), tener calor, frío; —
   hot, cold (*weather*), hacer
   calor, frío; — **sleepy,** tener
   sueño, — **hungry,** tener hambre; — **thirsty,** tener sed; —
   in a hurry, tener prisa; —
   sorry, sentir; — **back,** estar
   de vuelta; — **standing,** estar
   de pie
beautiful   hermoso

because   porque
become   ponerse; hacerse
bed : go to —,   acostarse [(1)
   me acuesto; (3) me acueste]
bedroom   alcoba *f.*
before   delante de (*place*); antes de (*time*); (*conj.*) antes de
   que
begin   empezar [(1) empiezo;
   (2) empecé; (3) empieza]
behind   detrás de
believe   creer [(4) creído]
better   mejor
between   entre
bill   cuenta *f.*
bill of fare   lista *f.*.
bird   pájaro *m.*
black   negro
blackboard   pizarra *f.*
blue   azul
book   libro *m.*
bookseller   librero *m.*
bookstore   librería *f.*
bottle   botella *f.*
boy   muchacho *m.*
bread   pan *m.*
breakfast   desayuno *m.*; **have**
   —, desayunarse; tomar el
   desayuno
bring   traer [(1) traigo; (2)
   traje; (3) traiga; (4) traído]
broad   ancho
brother   hermano *m.*
building (*public*)   edificio *m.*
busy   ocupado
but   pero; sino (*after negative*)
butter   mantequilla *f.*
buy   comprar
by (*agent*)   por; de

C

café café *m.*

call llamar; **be called,** llamarse; — **the roll,** pasar lista

can poder [(1) puedo; (2) pude; (3) pueda]

capital capital *f.*

careful cuidadoso

carry llevar

center centro *m.*

chair silla *f.*

chalk tiza *f.*

Charles Carlos

chat charlar

cheap barato

cheese queso *m.*

child niño *m.*; niña *f.*

church iglesia *f.*

cigar cigarro *m.*

city ciudad *f.*

class clase *f.*; **the Spanish** —, la clase de español

classroom sala de clase *f.*

climate clima *m.*

climb subir; — **up,** subir a

close cerrar [(1) cierro; (3) cierre]

clothing ropa *f.*

coal carbón *m.*

coast costa *f.*

coffee café *m.*

cold frío (*adj.*); frió *m.*; **be** — (*of people*), tener frío; **be** — (*weather*), hacer frío

color color *m.*; **what** — **is it?** ¿de qué color es?

come venir [(1) vengo; (2) vine; (3) venga]

comedy comedia *f.*

command mandar

commence empezar [(1) empiezo; (2) empecé; (3) empieza]

commerce comercio *m.*

common común

continue seguir [(1) sigo; (3) siga]

conversation conversación *f.*

cooking (cuisine) cocina *f.*

cool fresco; **the weather is** —, hace fresco

copper cobre *m.*

copy copiar

corn maíz *m.*

correctly correctamente

cost costar [(1) cuesto; (3) cueste]

cotton algodón *m.*

count contar [(1) cuento; (3) cuente]

country campo *m.*; país *m.*

courteous cortés

cousin primo *m.*; prima *f.*

cow vaca *f.*

cup taza *f.*

D

dance bailar

daughter hija *f.*

day día *m.*; **good** —! ¡buenos días! **every** —, todos los días

deal : a great —, mucho

dear caro; querido

December diciembre *m.*

describe describir [(4) descrito]

desire gana *f.*; tener ganas de + *infin.*; desear

dictionary diccionario *m.*
die morir [(1) muero; (3) muera; (4) muerto]
difference diferencia *f.*
different diferente
difficult difícil
difficulty dificultad *f.*
diligent diligente
dining room comedor *m.*
dinner comida *f.*
distance: in the —, a lo lejos
distinct distinto; **—ly,** distintamente
distinguish distinguir [(1) distingo; (3) distinga].
do hacer [(1) hago; (2) hice; (3) haga; (4) hecho]
doctor médico *m.*
dollar dólar *m.* (un peso, un duro)
door puerta *f.*
doubt dudar
drama drama *m.*
dramatist dramaturgo *m.*
dress vestido *m.*; **— oneself,** vestirse [(1) me visto; (3) me vista]
drink beber
during durante

E

each (*indef. adj.*) cada
early temprano
earn ganar; **— a living,** ganarse la vida
easy fácil; **easily,** fácilmente
eat comer
eight ocho
eighty ochenta

eleven once
employ emplear
empty vació
end acabar, terminar; fin *m.*
England Inglaterra *f.*
English (*adj.*) inglés; **— language,** inglés *m.*
Englishman inglés *m.*
enjoy gozar de [(2) gocé; (3) goce]
enormous enorme
enough bastante; **be —,** bastar
enter entrar (en)
entire entero; todo
especially sobre todo
Europe Europa *f.*
even hasta
every cada; **— day,** todos los días
everybody todo el mundo (*sing.*)
everything todo
everywhere por todas partes
examination examen *m.*
example ejemplo *m.*; **for —,** por ejemplo
except menos; sino (*conj.*)
excuse dispensar; **— me!** ¡dispense!
exercise ejercicio *m.*
expensive caro
explain explicar [(2) expliqué; (3) explique]

F

factory fábrica *f.*
fall caer [(1) caigo; (2) caí; (3) caiga; (4) caído]
family familia *f.*

famous famoso

far lejos; — **from,** lejos de

farm hacienda *f.*

farmer campesino *m.*

fast de prisa

father padre *m.*

favor favor *m.*; **do the — to,** hacer el favor de

fear temer

February febrero *m.*

feel sentir [(1) siento; (3) sienta]; sentirse; — **sorry,** sentir; **I — sorry,** lo siento mucho; **I — well,** me siento bien

field campo *m.*

fifteen quince

fifty cincuenta

fig higo *m.*

fig tree higuera *f.*

finally al fin

find encontrar [(1) encuentro; (3) encuentre]; hallar; **be found,** encontrarse, hallarse

finish acabar, terminar

first (*adj.*) primero; (*adv.*) primero

five cinco

floor suelo *m.*; piso *m.*; **ground —,** el piso bajo; **second —,** el piso alto, el piso principal

flower flor *f.*

follow seguir [(1) sigo; (3) siga]

foot pie *m.*; **go afoot,** ir a pie

for (*conj.*) porque; (*prep.*) para, por

foreign extranjero

forest bosque *m.*

forget olvidar; olvidarse de

former: the —, aquél, aquélla

forty cuarenta

found: be —, encontrarse [(1) se encuentra; (3) se encuentre]; hallarse

four cuatro

fourteen catorce

fourth cuarto *m.*

full lleno

France Francia *f.*

French (*adj.*) francés; — **language,** francés *m.*

Frenchman francés *m.*

Friday viernes *m.*

friend amigo *m.*; amiga *f.*

from de; — . . . **to,** desde . . . hasta

front: in — of, delante de

fruit fruta *f.*

G

gain ganar

garden jardín *m.*

gay alegre

George Jorge

German (*adj.*) alemán; — **language,** alemán *m.*; — **person,** alemán *m.*

Germany Alemania *f.*

get sacar; — **into a car,** subir a un auto; — **out of a car,** bajar de un auto; (*become*), hacerse, ponerse; — **up,** levantarse; — **good grades,** sacar buenas notas

girl muchacha *f.*

give dar [(1) doy; (2) di; (3) dé; (4) dado]

glad: be —, alegrarse; **be — to,** alegrarse de + *infin.*; **be — that,** alegrarse de que

gladly con mucho gusto

glass vaso *m.*

glove guante *m.*

go ir [(1) voy; (2) fuí; (3) vaya; (4) ido]; — **away,** irse; — **in,** entrar en; — **out,** salir [(1) salgo; (3) salga]; — **walking (or riding)** dar un paseo; — **down,** bajar; — **up,** subir; — **shopping,** ir de compras; — **on foot,** ir a pie; — **on,** seguir [(1) sigo; (3) siga]; — **to bed,** acostarse [(1) me acuesto; (3) me acueste]

gold oro *m.*

good bueno (buen)

good-bye! ¡adiós!; ¡hasta la vista!; **say — to,** despedirse de [(1) me despido; (3) me despida]

grade nota *f.*; **get good —s,** sacar buenas notas

grammar gramática *f.*

grape uva *f.*

great grande (gran)

green verde

H

half media; **it is — past three,** son las tres y media

hand mano *f.*

happy alegre; feliz

hard (*difficult*) difícil

hardly apenas

hat sombrero *m.*

hat shop sombrerería *f.*

have (*auxiliary verb for perfect tenses*) haber [(1) he; (2) hube; (3) haya]

have tener [(1) tengo; (2) tuve; (3) tenga]

have to tener que + *infin.*; haber de + *infin.*

he él

head cabeza *f.*

health salud *f.*

healthful, healthy sano

hear oír [(1) oigo; (2) oí; (3) oiga; (4) oído]; entender [(1) entiendo; (3) entienda]

heart: by —, de memoria

help ayudar

hen gallina *f.*

her (*poss. adj.*) su

here aquí

hers (*poss. pron.*) el suyo, la suya

high alto

himself; herself (*refl. pron.*) se

his su; el suyo, la suya

historical histórico

history historia *f.*

holiday fiesta *f.*; un día de fiesta

home casa *f.*; **at —,** en casa; **home** (*to, toward*), a casa

hope esperar

horse caballo *m.*; **ride a —,** montar a caballo

hot caliente; **it is —** (*weather*), hace calor

hotel hotel *m.*

hour hora *f.*

house casa *f.*

how? ¿cómo?; — **are you?** ¿qué tal? ¿cómo está V.?

how much (many)? ¿cuánto?

hundred ciento (cien)

hunger hambre *f.*

hungry: be —, tener hambre
hurry: be in a —, tener prisa

I

I yo
if si
ill malo, enfermo
immediately en seguida
important importante
impossible imposible
in en, a, por, de; — the
  morning, por la mañana; at
  seven o'clock — the morning,
  a las siete de la mañana
increase aumentar
industrious diligente
inhabitant habitante *m.*
ink tinta *f.*
instead of en vez de
intelligent inteligente
intend pensar(ie) + *infin.*
interest interesar
interested in; be —, interesarse por (en)
interesting interesante
into en
investigate investigar
iron hierro *m.*
its su

J

January enero *m.*
John Juan
July julio *m.*
June junio *m.*
just: to have — done, seen,
  heard, *etc.*, acabar de + *infin.*

K

kind clase *f.*; be so — as to help
  me! ¡tenga V. la bondad de
  ayudarme!
kindness bondad *f.*
king rey *m.*
kitchen cocina *f.*
knock llamar (a la puerta)
know (*acquaintance*) conocer
  [(1) conozco; (3) conozca];
  (*fact*) saber [(1) sé; (2) supe;
  (3) sepa]

L

language lengua *f.*
large grande; larger, mayor
last último; — year, el año
  pasado
late tarde
later más tarde
latter: the —, éste, ésta (*demon. pron.*)
laugh reír [(1) río; (3) ría;
  (4) reído]
lawyer abogado *m.*
lazy perezoso
lead plomo *m.*
learn aprender
least: at —, por lo menos, al
  menos
leave dejar; salir de
less menos
lesson lección *f.*
let dejar
letter carta *f.*
library biblioteca *f.*
life vida *f.*
like (*adv. and prep.*) como;

(*vb.*) querer; gustar; **I don't
— her dress,** no me gusta su
vestido
line línea *f.*
list lista *f.*
listen (to) escuchar
literary literario
literature literatura *f.*
little pequeño; **a —,** un poco;
(*adv.*), poco
live vivir
living room sala *f.*
long largo
look (at) mirar
look for buscar [(2) busqué;
(3) busque]
lose perder [(1) pierdo; (3)
pierda]
love amar; querer [(1) quiero;
(2) quise; (3) quiera]
low bajo

M

magnificent magnífico
majority: the — of, la mayor
parte de
man hombre *m.*; **— alive!**
¡hombre!
manner modo *m.*; **in this —,**
de este modo
map mapa *m.*
March marzo *m.*
Mary María
master maestro *m.*
May mayo *m.*
meal comida *f.*
mean querer decir; **what does
this word —?** ¿qué quiere
decir esta palabra?
meat carne *f.*

meet encontrar [(1) encuentro; (3) encuentre]
memory memoria *f.*
mention mencionar; **don't —
it,** de nada, no hay de qué
Mexican mexicano (-a) *m.*
(*f.*); *also adj.*
Mexico México *m.*
mile milla *f.*
milk leche *f.*
mine mina *f.*
mine (*poss. pron.*) el mío, la
mía, los míos, las mías
mineral mineral *m.*
minute minuto *m.*
Miss señorita
mistake falta *f.*
modern moderno
Monday lunes *m.*
money dinero *m.*
month mes *m.*
more más
morning mañana *f.*; **tomorrow
—,** mañana por la mañana
most más; **the — of,** la mayor
parte de; **at the —,** a lo más
mother madre *f.*
mountain montaña *f.*
movies cine *m.*
moving-picture theater cine *m.*
Mr. señor (Sr.) *m.*
Mrs. señora (Sra.) *f.*
much mucho; **as —,** tanto;
so —, tanto; **how —?** ¿cuánto?; **as — as,** tan (tanto) ...
como
museum museo *m.*
music música *f.*
must deber; tener que + *infin.*; hay que + *infin.*
my mi

N

name nombre *m.*; llamar; **be
—d,** llamarse; **what is his
—?** ¿cómo se llama? ¿qué
es su nombre?
narrow estrecho
natural natural
near (*adv.*) cerca; (*prep.*) cerca
de
necessary necesario; preciso;
it is — to, hay que + *infin.;*
it is — to read slowly, hay
que leer lentamente
necktie corbata *f.*
need necesitar
neither . . . nor ni . . . ni
never nunca
nevertheless sin embargo
new nuevo
news las noticias
newspaper periódico *m.*
next próximo; **— year,** el
año próximo; el año que
viene
night noche *f.*; **last —,** anoche;
good —! ¡buenas noches!;
tonight, esta noche; **in the —,**
por la noche
nine nueve
ninety noventa
no no
nobody, no one nadie
north norte *m.*
North America la América
del Norte *f.*
not no: **— any** ninguno
(ningún)
notebook cuaderno *m.*
nothing nada; **—else,** nada más

novel novela *f.*
November noviembre *m.*
now ahora

O

occupied ocupado
October octubre *m.*
of de
office oficina *f.*
often a menudo; muchas veces
oil petróleo *m.*
old viejo; antiguo
olive oliva *f.*
olive tree olivo *m.*
on en, sobre; **— returning,** al
volver
once una vez; **at —,** en seguida
one un(-o), una
only solo; (*adv.*) solamente
open abrir [(4) abierto]
opportunity oportunidad *f.*
or o (u)
orange naranja *f.*
orange tree naranjo *m.*
order: in — to, para; **in —
that,** para que; mandar, pedir
other otro; **the — s,** los demás
ought deber
our nuestro(-a)
overcoat gabán *m.*
owe deber

P

page página *f.*
painting pintura *f.*
palace palacio *m.*
paper papel *m.*; periódico *m.*

parents los padres
part parte *f.*; **the larger —,**
la mayor parte
pass pasar; **— by,** pasar por;
the past year, el año pasado
Paul Pablo
pay, pay for pagar [(2) pagué;
(3) pague]
pen pluma *f.*; **fountain —,**
plumafuente *f.*
pencil lápiz *m.*
people gente *f.*; **people say,**
se dice
perfect perfecto
perhaps tal vez
permit dejar
Peter Pedro
petroleum petróleo *m.*
picture cuadro *m.*
picturesque pintoresco
pity lástima *f.*; **it's a —,** es
lástima; **what a —!;** ¡qué
lástima!
place poner [(1) pongo; (2)
puse; (3) ponga; (4) puesto]
plain llanura *f.*
play jugar [(1) juego; (2)
jugué; (3) juegue]; comedia
f.; drama *m.*
please gustar; **please!** por
favor; **please read it!** ¡hágame V. el favor de leerlo!
pleasure gusto *m.*
poet poeta *m.*
poetical poético
poor pobre
poorly mal
possible posible
post office casa de correos *f.*
potato patata *f.*

practice práctica *f.*
prefer preferir [(1) prefiero·
(3) prefiera]
prepare preparar
present: **be — at,** asistir a
pretty bonito
principal principal
probable probable
produce producir [(1) produzco; (3) produzca]
professor profesor *m.*
progress progreso *m.*
pronounce pronunciar
pronunciation pronunciación *f.*
public square plaza *f.*
publish publicar [(2) publi-
qué; (3) publique]
pull out sacar [(2) saqué; (3)
saque]
pupil alumno *m.*; alumna *f.*
purchase compra *f.*
put poner [(1) pongo; (2) puse;
(3) ponga; (4) puesto]

Q

quarter cuarto *m.*
queen reina *f.*
quiet tranquilo

R

railroad ferrocarril *m.*
rain llover [(1) llueve; (3)
llueva]
read leer [(4) leído]
receive recibir
red rojo
regret sentir [(1) siento; (3)
sienta]

relation relación *f.*; **enter into —s with,** entrar en relaciones con

relative pariente *m.*

remain quedar; quedarse

remember recordar [(1) recuerdo; (3) recuerde]

repeat repetir [(1) repito; (3) repita]

repetition repetición *f.*

reply contestar

rest descansar; **the —,** lo (los, las) demás

restaurant restaurante *m.*

return volver [(1) vuelvo; (3) vuelva; (4) vuelto]

review repaso *m.*; repasar

rich rico

riches riqueza *f.*

ride: **take a —,** dar un paseo (a caballo) (en auto)

right: **be —,** tener razón

river río *m.*

road camino *m.*

Robert Roberto

roll: **call the —,** pasar lista

room cuarto *m.*

rule regla *f.*

run correr

S

sad triste

same mismo; **the — thing,** lo mismo; **at the — time,** a la vez

Saturday sábado *m.*

save ahorrar

say decir [(1) digo; (2) dije; (3) diga; (4) dicho]; **that is**
to —, es decir; **how does one say?** ¿cómo se dice?

scarcely apenas

school escuela *f.*; **to —,** a la escuela

scold regañar

season estación *f.*

seated: **be —,** estar sentado

second (*adj.*) segundo

see ver [(1) veo; (2) vi; (3) vea; (4) visto]

seem parecer [(1) parezco; (3) parezca]

self mismo; **he himself,** él mismo; **she herself,** ella misma

sell vender

send mandar

sentence frase *f.*

September septiembre *m.*

serve servir [(1) sirvo; (3) sirva]

seven siete

seventy setenta

shave afeitar; **—oneself,** afeitarse

she ella

sheep oveja *f.*

shirt camisa *f.*

shoe zapato *m.*

shoe store zapatería *f.*

shopping: **go —,** ir de compras

short corto

show enseñar; mostrar [(1) muestro; (3) muestra]

sick enfermo, malo

sight vista *f.*

silk seda *f.*

silver plata *f.*

similar semejante

simple sencillo

sing cantar

sir señor *m.*

sister hermana *f.*

sit down sentarse [(1) me siento; (3) me siente]

six seis

sixty sesenta

sleep dormir [(1) duermo; (3) duerma]; go to —, dormirse; sueño *m.*

sleepy: be —, tener sueño

slowly lentamente

small pequeño

smoke fumar

snow nevar [(1) nieva; (3) nieve]

so tan; — much (many), tanto, tantos; así; — that, de modo que

some alguno (algún); unos (unas)

something algo; — else, otra cosa

sometimes a veces; algunas veces

soon pronto; luego; see you —! ¡hasta luego!

sort clase *f.*

soup sopa *f.*

source fuente *f.*

south sur *m.*

South America la América del Sur *f.*

Spain España *f.*

Spaniard español *m.*

Spanish (*adj.*) español; — language, español *m.*; — people, los españoles

speak hablar

spend (*time*) pasar

spite: in — of, a pesar de

spring primavera *f.*; fuente *f.*

square (*public*) plaza *f.*; (*adj.*) cuadrado

stairway escalera *f.*

stand estar de pie; — up, ponerse en pie

state estado *m.*; The United States, los Estados Unidos

station estación *f.*

stay quedar; quedarse

still todavía

stocking media *f.*

stop dejar de

store tienda *f.*

story historia *f.*; piso *m.* (*of building*)

street calle *f.*

student estudiante *m.* (*f.*)

study estudiar

subway subterráneo *m.*; metro *m.*

such tal

sufficient: be —, bastar; bastante

sugar azúcar *m.*

suit of clothes traje *m.*

summer verano *m.*

sun sol *m.*; the — is shining, hace sol

Sunday domingo *m.*

surround rodear

swim nadar

T

table mesa *f.*

tailor sastre *m.*

tailor shop sastrería *f.*

take tomar; — **a trip,** hacer un viaje; — **a walk (ride),** dar un paseo; — **out,** sacar [(2) saqué; (3) saque]; — **leave of,** despedirse de [(1) me despido; (3) me despida]

talk charlar, hablar

tall grande (gran)

taste gusto *m.*

teach enseñar

teacher maestro *m.*; maestra *f.*

tell decir [(1) digo; (2) dije; (3) diga; (4) dicho]; contar [(1) cuento; (3) cuente]

ten diez

than que, de

thank you! ¡muchas gracias!

that (*conj.*) que; (*demon. adj.*) ese, esa; aquel, aquella; (*demon. pron.*) ése, ésa, eso; aquél, aquélla, aquello

theater teatro *m.*; **moving-picture —,** cine *m.*

their su

theirs el suyo, la suya

themselves (*refl. pron.*) se

then entonces; luego; después

there allí

therefore por eso

they ellos (ellas)

thing cosa *f.*; **the same —,** lo mismo

think pensar [(1) pienso; (3) piense]; — **of,** pensar en; creer [(4) creído]; **I think so,** creo que sí.

third tercero (tercer)

thirst sed *f.*

thirsty: be —, tener sed

thirteen trece

thirty treinta

this (these) (*demon. adj.*); este esta; (*demon. pron.*) éste, ésta.

thousand mil

three tres

through por

Thursday jueves *m.*

thus así

time tiempo *m.*; vez *f.* (*repetition*); **a long —,** mucho tiempo; **on —,** a tiempo; **for the last —,** por última vez; **from — to —,** de vez en cuando; **what — is it?** ¿qué hora es? **three —s,** tres veces; **have a good —,** divertirse [(1) me divierto; (3) me divierta]

tip propina *f.*

tired cansado

to a, hasta; para

today hoy

tomorrow mañana; — **morning,** mañana por la mañana

too demasiado; — **much,** demasiado; también (*also*)

town ciudad *f.*; **go down —,** ir al centro; **go to —,** ir a la ciudad

train tren *m.*

tranquil tranquilo

translate traducir [(1) traduzco; (3) traduzca]

translation traducción *f.*

travel viajar; hacer un viaje

tree árbol *m.*

trip viaje *m.*; **take a —,** hacer un viaje; viajar

truth   verdad *f.*
try (to)   tratar de + *infin.*
Tuesday   martes *m.*
twelve   doce
twenty   veinte
twice   dos veces
two   dos

U

uncle   tío *m.*
under   bajo
understand (*comprehend*) comprender; (*hear*) entender [(1) entiendo; (3) entienda]
United States   los Estados Unidos
university   universidad *f.*
unless   a menos que
until (*prep.*) hasta; (*conj.*) hasta que
upon   en, sobre
use   emplear
useful   útil
usually   por lo común

V

vacation   las vacaciones
vegetable   legumbre *f.*
very   muy
view   vista *f.*
village   pueblo *m.*
visit   visitar
vocabulary   vocabulario *m.*

W

wait for   esperar
waiter   mozo *m.*

wake up   despertar [(1) despierto; (3) despierte]; despertarse
walk   andar [(2) anduve]; **take a —,**   dar un paseo; ir a pie
wall   pared *f.*
warm   caliente; **be —** (*weather*), hacer calor; **be —** (*of persons*), tener calor
wash   lavar; **— oneself,** lavarse
watch   reloj *m.*
water   agua *f.*
way   modo *m.*; **in this —,**   de este modo
we   nosotros (-as)
wealth   riqueza *f.*
wear   llevar
weather   tiempo *m.*; **the — is bad,**   hace mal tiempo
Wednesday   miércoles *m.*
week   semana *f.*
welcome : you are —,   de nada; no hay de qué
well   bien
what (*rel. pron.*)   lo que; **what?** ¿cuál?, ¿qué?
wheat   trigo *m.*
when (*conj.*)   cuando; **when?** ¿cuándo?
whenever   siempre que
where (*conj.*)   donde; (*inter. adv.*)   dónde
which (*rel. pron.*)   que; **which?** ¿cuál?, ¿qué?
while   mientras
white   blanco
who (*rel. pron.*)   que, quien; **who?** ¿quién?
whole   entero; todo

whose (*poss. rel. adj.*) cuyo; **whose?** ¿de quién?

why? ¿por qué?

wide ancho

wife mujer *f.*

window ventana *f*

wine vino *m.*

winter invierno *m.*

wish desear; querer [(1) quiero; (2) quise; (3) quiera]

with con; — **me,** conmigo; — **you,** contigo

without sin

woman mujer *f.*

wool lana *f.*

word palabra *f.*

work trabajo *m.*; trabajar; obra *f.*

world mundo *m.*

worse peor

worth: be —, valer [(1) valgo; (3) valga]; **it is not — anything,** no vale nada

write escribir [(4) escrito]

writer escritor *m.*

Y

year año *m.*; **last —,** el año pasado; **two —s ago,** hace dos años

yellow amarillo

yes sí

yesterday ayer

yet todavía

you tú; vosotros(-as); usted (V. or Vd.); ustedes (VV. or Vds.)

young joven

your tu (*familiar sing.*); vuestro (*familiar plur.*); su (*polite*)

INDEX

The references are to lessons and the numbered sections in them.

235